中国古典文学
读本丛书典藏

左传选译

沈玉成 译注

人民文学出版社

图书在版编目(CIP)数据

左传选译/沈玉成译注. -- 北京:人民文学出版社,2024. -- (中国古典文学读本丛书典藏). -- ISBN 978-7-02-018973-1

Ⅰ.K225.04

中国国家版本馆 CIP 数据核字第 2024W9X221 号

责任编辑　李　俊
装帧设计　陶　雷
责任印制　王重艺

出版发行　人民文学出版社
社　　址　北京市朝内大街 166 号
邮政编码　100705

印　　刷　三河市鑫金马印装有限公司
经　　销　全国新华书店等

字　　数　188 千字
开　　本　880 毫米×1230 毫米　1/32
印　　张　9.125　插页 3
印　　数　1—4000
版　　次　1989 年 12 月北京第 1 版
印　　次　2024 年 11 月第 1 次印刷

书　　号　978-7-02-018973-1
定　　价　42.00 元

如有印装质量问题,请与本社图书销售中心调换。电话:010-65233595

目 录

前言 1

郑伯克段于鄢(隐公元年) 1

滕侯薛侯争长(隐公十一年) 6

季梁论民为神主(桓公六年) 8

屈瑕伐罗(桓公十三年) 12

连称、管至父之乱(庄公八年) 15

曹刿论战(庄公十年) 18

宋南宫长万弑宋闵公(庄公十一、十二年) 21

齐伐楚盟于召陵(僖公四年) 24

秦、晋韩之战(僖公十五年) 28

宋、楚泓之战(僖公二十二年) 37

晋公子重耳之亡(僖公二十三、二十四年) 40

晋、楚城濮之战(僖公二十八年) 52

烛之武退秦师(僖公三十年) 64

秦、晋殽之战(僖公三十二、三十三年) 67

楚太子商臣弑江芈(文公元年) 74

郑败宋师获华元(宣公二年) 77

晋灵公不君(宣公二年) 80

王孙满对楚子(宣公三年) 85

子公染指于鼎(宣公四年) 87

陈公卿宣淫(宣公九、十年) 89

晋、楚邲之战（宣公十二年） 91

宋人及楚人平（宣公十四、十五年） 110

魏颗不从乱命（宣公十五年） 115

齐、晋鞌之战（成公二年） 117

楚归知䓨于晋（成公三年） 129

晋归钟仪（成公九年） 132

晋侯梦大厉（成公十年） 135

吕相绝秦（成公十三年） 138

晋、楚鄢陵之战（成公十六年） 144

祁奚举贤（襄公三年） 158

魏绛戮扬干（襄公三年） 160

魏绛论和戎（襄公四年） 163

晋灭偪阳（襄公十年） 168

晋士匄听讼（襄公十年） 172

驹支不屈于晋（襄公十四年） 175

师慧讽宋朝无人（襄公十五年） 179

子罕以不贪为宝（襄公十五年） 181

州绰争雄（襄公二十一年） 183

穆叔倍御叔赋（襄公二十二年） 186

鲁季氏、孟氏立嫡（襄公二十三年） 188

晋张骼辅跞致楚师（襄公二十四年） 193

崔杼弑齐庄公（襄公二十五年） 196

上下其手（襄公二十六年） 203

伊戾谮杀宋太子痤（襄公二十六年） 206

弭兵之会（襄公二十七年） 209

吴季札观乐（襄公二十九年） 217

郑子产相国(襄公三十、三十一年) 225

楚公子围娶于郑(昭公元年) 237

晏子不更旧宅(昭公三年) 240

吴蹶由犒楚师(昭公五年) 243

楚灵王乾溪之难(昭公十二、十三年) 246

伍员奔吴(昭公十九、二十年) 262

鱄设诸刺吴王僚(昭公二十七年) 267

费无极谮杀郤宛(昭公二十七年) 271

吴、楚柏举之战(定公三、四年) 274

前　言

1981年,中华书局出版了我的《左传译文》。现在承人民文学出版社古典文学编辑室的盛意,指定我承担"中国古典文学今译丛书"中的《左传》这一选题,以为驾轻就熟,必然能如何如何云云。这使我非常惶愧。但是我想,温故而知新,这一工作可以有机会对《左传译文》做一些修正和修饰;再则,当时那个译本的目的在于配合杨伯峻先生的《春秋左传注》,所以对原文的理解一以杨先生的意见为准,有些个人的看法未便立异,现在也正好借选译本以就正于读者。

在过去的经学家和史学家之间,有过《左传》是"经"还是"史"的争论。这个问题牵涉到汉代今、古文经的学派之争,另有其政治背景。撇开了前人的陈旧观念,问题是很清楚的。《春秋》"三传"之中,《公羊》、《榖梁》以解经即解释《春秋》的"微言大义"为主,所谓"以传解经,传不违经";《左传》的性质则不同,它具有解经的成分,然而更重要的却是一部以《春秋》为大纲,博采史籍、档案和口头传说而编写的历史书。据司马迁的记载,编写者是孔子的学生"鲁君子左丘明"。但是由于书中接触到的史实,时间下限已经超出左丘明所能见到的范围,所以后代的学者对《左传》作者和写定年代做过许多探讨,至今还没有得出比较权威的结论。我个人同意这样一种看法,即《左传》是在左丘明传授的基础上,经过后来儒家学派中的人物写定的,写定的时间应当在三家分晋即公元前403年以后的三四十年间。

近几十年,又有人提出《左传》一类历史著作能否算作文学作品的疑问。从学科的划分来说,文学和历史是两回事。史家的职责首先是如实地记录史实。在史书中,他必然对史实作出选择,但只能有所减省而不允许增加;他也可以对史实进行组织,但只能有所突出而不允许虚构。用这样的标准来衡量《左传》，立刻会出现两个问题：第一，书里记录了不少密室阴谋、闺房私语、个人独白，是谁、又是在什么情况下听到的呢？这是史家甚至标榜写实的文学家所一致忌讳的问题。直到清末，吴趼人在《二十年目睹之怪现状》里，对小说中的"事实"出处还都一一做了交代，可见它在人们心目中分量之重。第二，周代的史官制度，我们今天已经不大了然。即使如《周礼》所记有大史、小史的组织，《汉书》所记有左史、右史的分工，而且已经有了近似于后世"实录"那样的档案材料，然而《左传》中所记载的那些宏论伟词和末节细事，有许多是在当时的书写条件下无法记录的，有许多则是根本不必记录的。既然如此，那些绘声绘色的描写，其史料依据又是什么呢？

问题只能这样回答，就是这些历史记载中掺和了某种虚构。钱锺书先生在《管锥编》中论《左传》时说过："史家追叙真人真事，每须遥体人情，悬想时势，设身局中，潜心腔内，忖之度之，以揣以摩，庶几入情合理，盖与小说、院本之臆造人物，虚构境地，不尽同而可相通。"（中华书局 1979 年版，第一册第 166 页）这真是一语破的之论。从简单的生活经验就近取譬，一个人写自传，对几年前、几十年前的事情，一般只能记得一个大体的轮廓和印象特别深刻的片段，在这样的基础上，依靠逻辑的想象使之鲜明，加以连缀，最终合成整体。所谓"逻辑"，就是在特定时、地、人的条件下，事情经过、言谈对答、思想活动都"必然"如此，主观上并非捏造，客观上也会被承认并非捏造。这种逻辑的想象和文学创作中的虚构"相通"，但是又必须服从于已经发生的史实，因而又"不尽同"。具体到《左传》来说，书中那些为史官无法记录或不必记录的史实，那些如见其人、如闻其声的描写，应该都是虚构的产物，属于文学创作的范畴，其中有的是作者本人的创作，有的是作者利用的原始材料已经就是创作，即人民口头上长期流传的故事传说。

也许正因为如此，《左传》才被列进"中国古典文学今译丛书"的选题之内。

关于《左传》的文学价值,读者可以在任何一本中国文学史中找到回答,也可以从本书每篇的说明中看到一些粗浅的意见,这里不再多说。下面对本书的体例作一些交代。

古文今译是一件吃力而不容易使人满意的工作。且不说译文几乎不可能体现原作的神韵,就是忠实表达原作的词义、句义,也常常使人陷于艰窘竭蹶。在先秦古籍中,《左传》并不是难读的书,但其中有些词句的解释,至今仍然是个悬案。写论文可以避开不引,作注释可以含糊其辞,唯独今译却无所遁逃。有的词句,阅读时心知其意,讲解时可以运用多种方式使人领会,而作今译却往往苦于找不到对应的词汇或句式。所以,严复提出"信、达、雅"的翻译三原则,对我来说实在是难于达到的高标准。不过虽不能至,心里总还是向往的。《左传译文》比较偏重于学术性,希望先做到"信";这套译注,要求一定的可读性,因而又适当注意了"达",力求把语句译得流畅一些。此外,译文中尽可能避免出现过于现代化的词语,以免给读者以不伦不类的感觉;对一些无法译出的词语,比如官名、称谓,只好照原样不译,而在注释中作适当的说明。

本书选录了五万多字,为原书的四分之一强。选录的着眼点是作品的文学价值。选录时注意到了故事情节的完整性,对一段故事在原书中因为编年排列而被割成两段以上的则加以合并,中空一行作为标志。入选各篇都据内容代拟标题,以清眉目。

注释是译文的辅助,凡译文中可以解决的问题,就不再出注。题目下的说明主要是对作品的艺术技巧作简单的提示,并对故事的背景作必要的介绍。为了处理上的方便,故事的背景有时也在有关的注释中加以说明。

译注工作中的主要参考书是杜预《春秋左传集释》、孔颖达《正义》、洪亮吉《左传诂》、刘文淇《春秋左氏传旧注疏证》、竹添光鸿《左氏会笺》、杨伯峻先生《春秋左传注》,其中杨先生的著作仍然是最主要的参考依据。

人民文学出版社古典文学编辑室陈新同志,以他一贯谨严细致的态度审阅全稿,提出了宝贵的意见。又,注释中某些有关礼制的问题,曾得到王文锦同志的帮助。谨在这里一并致真诚的谢意。

沈玉成
1984年12月于北京

郑伯克段于鄢(隐公元年)

这一段文字深刻地写出了郑庄公伪善、工于心计,恃宠而骄的太叔段自然昏头昏脑地钻进了事先为他安排好的圈套里。最后母子相见,郑庄公是在继续玩弄权术,还是由于母子天性而心生悔恨,历来也有不同的分析,读者不妨自己加以判断。

初,郑武公娶于申,曰武姜[1],生庄公及共(gōng恭)叔段。庄公寤生[2],惊姜氏,故名曰寤生,遂恶之。爱共叔段,欲立之,亟请于武公,公弗许。及庄公即位,为之请制[3]。公曰:"制,岩邑也,虢叔死焉。佗邑唯命。"请京,使居之,谓之京城大(同"太")叔。祭(zhài债)仲曰:"都城过百雉,国之害也[4]。先王之制:大都不过参国之一,中五之一,小九之一。今京不度,非制也,君将不堪。"公曰:"姜氏欲之,焉辟(同'避')害?"对曰:"姜氏何厌之有?不如早为之所,无使滋蔓。蔓,难图也。蔓草犹不可除,况君之宠弟乎?"公曰:"多行不义,必自毙,子姑待之。"

既而大叔命西鄙、北鄙贰于己[5]。公子吕曰[6]:"国不堪贰,君将若之何?欲与大叔,臣请事之;若弗与,则请除之,无生民心。"公曰:"无庸,将自及。"大叔又收贰以为己邑,至于廪延。子封曰:"可矣,厚将得众。"公曰:"不义,不昵,厚将崩。"

大叔完聚,缮甲兵,具卒乘,将袭郑。夫人将启之。公闻其期,曰:"可矣!"命子封帅车二百乘以伐京。京叛大叔段。段入于鄢,公伐诸鄢。五月辛丑,大叔出奔共。

书曰[7]:"郑伯克段于鄢。"段不弟,故不言弟;如二君,故曰克;称郑伯,讥失教也。谓之郑志。不言出奔,难之也。

遂置姜氏于城颍,而誓之曰:"不及黄泉[8],无相见也!"既而悔之。

颍考叔为颍谷封人[9],闻之,有献于公。公赐之食。食舍肉。公问之,对曰:"小人有母,皆尝小人之食矣;未尝君之羹,请以遗(wèi 畏)之。"公曰:"尔有母遗,繄我独无!"颍考叔曰:"敢问何谓也?"公语之故,且告之悔。对曰:"君何患焉?若阙地及泉,隧而相见,其谁曰不然?"公从之。公入而赋:"大隧之中,其乐也融融。"姜出而赋:"大隧之外,其乐也泄泄(yì 意)。"遂为母子如初。

君子曰[10]:"颍考叔,纯孝也,爱其母,施(yì 意)及庄公。《诗》曰:'孝子不匮,永锡尔类[11]。'其是之谓乎!"

注释

〔1〕武姜:《左传》中对妇女的称谓,其第二个字往往是娘家的姓

氏。申国为姜姓,所以称"武姜"。"武"是表示她是郑武公之妻。

〔2〕寤同"啎",逆、倒的意思。寤生,现代医学上称为足先出,是难产的一种。

〔3〕制:在今河南荥阳市境。原来是东虢君的领地,后来东虢为郑所灭,所以说"虢叔死焉"。下文的京城也在荥阳境内。

〔4〕国:有国家和国都两种意义。

〔5〕贰:即二,不专一。臣不忠于君,小国依附两个大国,都可以称贰。

〔6〕公子吕,即下文的子封。《左传》中常有这种称谓不一的情况。

〔7〕"书曰"指《春秋》经文的记载。以下几句为作者对经文的解释。克:战胜,通常用于两国之间。郑志:郑庄公的意愿。

〔8〕黄泉:指死后埋在地下。泉水在地下,古人说天玄地黄,所以称为黄泉。

〔9〕封人:官名,掌守护疆界。

〔10〕《左传》多借"君子曰"的形式来发表议论。君子指有道德的人,有时则是作者自称。

〔11〕见《大雅·既醉》。

译文

起初,郑武公娶了申国国君的女儿,名叫武姜,生庄公和共叔段。庄公是脚先头后出生的,这使姜氏感到惊恐,所以起名寤生,也因此讨厌他。姜氏喜爱共叔段,想立他为太子,屡次向武公请求,武公不答应。等到庄公即位,又为共叔段请求制地作为封邑。庄公说:"制地,是险要的地方,虢叔曾经死在那里。其他地方唯命是从。"于是请求京城,让共叔段居守,称为京城太叔。

祭仲对庄公说:"都邑的城墙周围超过三百丈,是国家的祸害。先王的制度规定:大的都邑不超过国都的三分之一,中等的不超过五分之一,小的不超过九分之一。现在京城的规模太大,不符合制度,君主会受不了的。"庄公说:"姜氏要这么办,又怎能避免祸害?"回答说:"姜氏的愿望哪里能满足?不如及早安排,不要让他的势力蔓延。一经蔓延,就难于对付了。蔓延的野草尚且不能锄掉,何况是君主得宠的兄弟呢?"庄公说:"不合道义的事做多了,必然自己摔跤子。您姑且等着吧!"

这以后,太叔命令西部和北部边境听命于自己。公子吕说:"国家不能接受两方面的命令,君主准备怎么办?要是把君位让给太叔,下臣就去事奉他;如果不给,就请除掉他,不要让百姓的思想发生混乱。"庄公说:"用不着,他会自取其祸的。"太叔进而收取两属的地方作为自己的封邑,并扩大到廪延地区。公子吕说:"可以下手了。势力雄厚,将会得到百姓拥护。"庄公说:"不接受君命,不亲爱兄长,势力雄厚,就会分崩离析。"

太叔整修城墙,积聚粮食,修理装备武器,补充兵员,准备袭击郑国的都城。姜氏准备打开城门作为内应。庄公听到偷袭的日期,说:"可以了!"命令公子吕率领二百辆战车攻打京城。京城人反对太叔。太叔逃到鄢地,庄公又赶到鄢地攻打他。五月辛丑日,太叔逃亡到共国。

《春秋》记载说:"郑伯克段于鄢。"太叔不像兄弟,所以不称他为"弟";如同两个国君,所以称为"克";称庄公为"郑伯",是讥刺他有失教诲;就是说庄公蓄意要杀死共叔段。不说出奔,是史官下笔感到为难。

于是就把姜氏安置在城颍,发誓说:"不到黄泉,不要相见。"事后又感到后悔。

颍考叔在颍谷做封人,听到这件事,就给庄公奉献一些东西。庄公赏赐他吃饭。吃的时候,他把肉放在一边不吃。庄公问他为什么。回答说:"小人还有母亲,尝遍了小人的食物,但没有尝过君主的肉汤,请让我把肉汤带回去。"庄公说:"你有母亲可以给她带东西,咳,我却偏偏没有!"颍考叔说:"请问这是什么意思?"庄公对他说明原因,并且告诉他自己后悔。回答说:"君主担心什么?如果掘地见到泉水,在隧道中相见,那有谁说不对?"庄公听从了他的话。庄公进入隧道,赋诗说:"大隧之中,欢乐啊,如同水乳交融。"姜氏走出隧道,赋诗说:"大隧之外,欢乐啊,使人和美愉快。"于是母子和好,像以前一样。君子说:"颍考叔的孝心纯粹极了。爱他的母亲,扩大到了庄公。《诗》说,'孝子的心意不会竭尽,永远可以赐福同类',说的就是这样的情况吧!"

滕侯薛侯争长(隐公十一年)

　　春秋时代,诸侯之间的互相访问,和诸侯见天子、臣见国君一样,也称为朝。名义上虽说是互相朝见,实际上则多数是小国朝见大国。

　　滕侯、薛侯在朝见鲁君的先后上发生争执,鲁国解决这一矛盾的依据是宗法制度中的一条重要原则,即同姓和异姓的差别,加上使者的辞令婉转得体,于是就说服了薛侯。

　　十一年春,滕侯、薛侯来朝,争长。薛侯曰:"我先封。"滕侯曰:"我,周之卜正也[1];薛,庶姓也[2],我不可以后之。"

　　公使羽父请于薛侯曰:"君与滕君辱在寡人,周谚有之曰:'山有木,工则度之;宾有礼,主则择之。'周之宗盟,异姓为后。寡人若朝于薛,不敢与诸任齿。君若辱贶寡人,则愿以滕君为请。"

　　薛侯许之,乃长滕侯。

注释

〔1〕卜正:管理占卜的长官。

〔2〕庶姓:周天子姓姬。凡姬姓以外诸姓,称庶姓或异姓。薛君姓任,所以下面说"不敢与诸任齿"。

译文

隐公十一年春季,滕侯、薛侯前来朝见,争执行礼的先后。薛侯说:"我国先受封。"滕侯说:"我是周朝的卜正;薛国是庶姓,我国不能在他们后面。"

隐公派羽父请求薛侯说:"承蒙君主和滕君问候寡人,周朝谚语有这样的话:'山上有树木,工匠就能考虑用途;宾客有礼貌,主人就能加以选择。'周朝的会盟,异姓在后面。寡人如果到薛国朝见,就不敢和任姓诸国争先后。如果君主加恩于寡人,就请同意滕君的要求。"

薛侯同意了,于是让滕侯在前行礼。

季梁论民为神主(桓公六年)

先秦时代"重民"思想的出现,是社会经济的发展在意识形态中的反映。"重民"的内容各个时期和各派学者之间有所不同,从《尚书·盘庚》的"重我民,无尽刘(杀)"到《孟子·尽心》的"民为贵,社稷次之,君为轻",可以看出这一概念的内涵也在随着时代的发展而发展。

《左传》的思想倾向是进步的,重视"民"的作用是主要的表现之一。季梁的大段议论中提出了民为神主的观念,无疑代表了春秋时期一种开明的认识。

楚武王侵随,使薳(wěi 委)章求成焉,军于瑕以待之。随人使少师董成。

斗伯比言于楚子曰:"吾不得志于汉东也,我则使然。我张吾三军,而被吾甲兵,以武临之,彼则惧而协以谋我,故难间也。汉东之国,随为大。随张(zhàng 帐),必弃小国。小国离,楚之利也。少师侈,请羸师以张之。"熊率且比曰:"季梁在,何益?"斗伯比曰:"以为后图,少师得其君[1]。"王毁军而纳少师。

少师归,请追楚师。随侯将许之。季梁止之,曰:"天方授楚〔2〕,楚之羸,其诱我也。君何急焉?臣闻小之能敌大也,小道大淫。所谓道,忠于民而信于神也。上思利民,忠也;祝史正辞〔3〕,信也。今民馁而君逞欲,祝史矫举以祭,臣不知其可也。"公曰:"吾牲牷肥腯(tú 徒),粢(zī 咨)盛丰备〔4〕,何则不信?"对曰:"夫民,神之主也。是以圣王先成民而后致力于神。故奉牲以告曰'博硕肥腯',谓民力之普存也,谓其畜之硕大蕃滋也,谓其不疾瘯(cù 簇)蠡也,谓其备腯咸有也〔5〕。奉盛以告曰'絜粢丰盛',谓其三时不害而民和年丰也。奉酒醴以告曰'嘉栗旨酒',谓其上下皆有嘉德而无违心也。所谓馨香,无谗慝(tè 特)也。故务其三时,修其五教〔6〕,亲其九族〔7〕,以致其禋祀,于是乎民和而神降之福,故动则有成。今民各有心,而鬼神乏主,君虽独丰,其何福之有?君姑修政,而亲兄弟之国,庶免于难。"随侯惧而修政,楚不敢伐。

注释

〔1〕二年后,楚再度伐随。由于少师轻敌,随军大败,少师本人被俘。少师,官名,姓名不详。

〔2〕楚国地处长江中游,一向被中原诸国视为蛮夷。自若敖、蚡冒开始强大,熊通继蚡冒为君,自称为王,即楚武王。《春秋》《左传》中则多称楚君为"楚子"。这里季梁说"天方授楚",反映了楚国的兴起。

〔3〕祝史:主持祭祀的官。上古时代祭祀的祝词中要记录本国的

9

情况报告神灵,所以祝和史实际上是一回事。

〔4〕粢盛:装在祭器内的粮食。

〔5〕四个"谓其"分别解释"博、硕、肥、腯"四字。

〔6〕五教:家族中的五种道德标准:父义、母慈、兄友、弟恭、子孝。

〔7〕九族:九种亲族关系。具体是哪九种,其说不一。

译文

楚武王侵袭随国,先派薳章去谈判和平的条件,把军队驻扎在瑕地等待结果。随国派少师主持和谈。

斗伯比对楚武王说:"我国在汉水之东不能得志,这是我们自己造成的。我们扩大军队,整顿装备,用武力威胁汉东的国家,他们因为害怕而联合起来对付我们,所以就难于离间了。汉东的国家中,随国是大国。随国自高自大,就一定抛弃小国。小国离心,这是楚国的利益。少师这个人很骄傲,请君主摆出疲弱的士兵来,使他更加自满。"熊率且比说:"有季梁在随国,这样做有什么好处?"斗伯比说:"这是以此作今后的打算,少师得到他国君的信任。"楚武王就毁损军容接待少师。

少师回去,请求追赶楚军。随侯准备同意。季梁劝阻说:"上天正降福于楚国,楚国的军队显得疲弱,大约是引诱我们的,君主为什么要着急呢?下臣听说小国之所以能够抵抗大国,是由于小国有道而大国贪得无厌。所谓道,就是忠于百姓而取信于神灵。上面的人想到对百姓有利,这是忠;祝史真实地书写祝辞,这是信。现在百姓饥饿而君主为所欲为,祝史虚报功德来祭祀,下臣不知道这样做是行得通的。"随侯说:"我祭祀用的牺牲毛色纯一而肥壮,粮食丰富齐全,为什么不能取信于神灵?"季梁回答说:"百姓,是神灵的主宰。因此圣王先让百姓安居乐业然后才尽力祭祀神灵。所以在奉献牺牲的时候祝告说'牲口普遍又肥又壮',这是说明百姓的财力普遍富足,说明牲畜肥壮而蕃殖众多,说明没有得病而瘦弱,说明各种毛色全都齐备。在奉献粮食的时候祝告说'干净的粮食丰富充盈',这是说明春、夏、秋三季没有灾害,百姓和睦而丰收。奉献甜酒的时候祝告说'又清又好的美酒',这是说明上上下下都有美好的德行而没有背离的心念。说到祭品的芳香,就是指人们没有邪恶。所以重视春、夏、秋三季的农时,修明教化,亲近家族,用这些来向神灵致祭,这样,百姓和睦而神灵为他降福,所以做任何事情都能有成就。现在百姓各有异心,鬼神没有主宰,君主虽然祭祀丰盛,又怎么能求得神灵降福?君主还是修明政事,亲近毗邻的兄弟国家,这也许可以免于祸患。"随侯害怕,因而修明政事,楚国就没有敢来攻打。

屈瑕伐罗（桓公十三年）

楚武王夫人邓曼，是《左传》中为数不多的具有政治头脑的妇女之一。这一段文字写她能理解斗伯比建议"必济师"的含蓄内容，庄公四年还记载她预测楚武王将死于征途一事。刘向《列女传》有她的传记。

十三年春，楚屈瑕伐罗，斗伯比送之。还，谓其御曰："莫敖必败[1]。举趾高，心不固矣。"遂见楚子，曰："必济师[2]！"楚子辞焉。入告夫人邓曼。邓曼曰："大夫其非众之谓[3]，其谓君抚小民以信，训诸司以德，而威莫敖以刑也。莫敖狃于蒲骚之役[4]，将自用也，必小罗。君若不镇抚，其不设备乎！夫固谓君训众而好镇抚之，召诸司而劝之以令德，见莫敖而告诸天之不假易也。不然，夫岂不知楚师之尽行也？"楚子使赖人追之[5]，不及。

莫敖使徇于师曰："谏者有刑！"及鄢，乱次以济，遂无次，且不设备。及罗，罗与卢戎两军之，大败之。莫敖缢于荒谷[6]，群帅囚于冶父以听刑。楚子曰："孤之罪也。"皆免之。

注释

〔1〕莫敖:楚国官名,地位比令尹低一级。屈瑕当时任莫敖。
〔2〕斗伯比没有陈述理由,所以下文才需要邓曼出来作解释。
〔3〕大夫:指斗伯比。
〔4〕蒲骚之役:桓公十一年,屈瑕派斗廉以轻师袭击郧国,在蒲骚打败郧军。
〔5〕赖人:在楚国做官的赖国人。赖,在今湖北随州市。
〔6〕荒谷:地名。

译文

桓公十三年春季,楚国的屈瑕攻打罗国。斗伯比为他送行。回来时,对他的御者说:"莫敖必定失败。走路抬脚高,心意就浮动了。"于是就进见楚武王,说:"一定要增援。"楚武王拒绝了他的建议。进宫告诉夫人邓曼。邓曼说:"大夫说的恐怕不在部队的多少,而是说君主要用信用来安抚百姓,用德行来训诫官员,而用刑法来使莫敖畏惧。莫敖已经习惯于蒲骚战役的胜利,会自以为是,必然轻视罗国。君主如果不加督察,他会不设防备的吧!大夫本来想说的是请君王训诫大众而认真督察他们,召集官员们而以美德勉励他们,接见莫敖而告诉他上天不宽纵轻浮怠慢。不是这样的话,大夫难道不知道楚国军队已经全部出发了?"楚武王派赖国人追赶屈瑕,没有追上。

莫敖派人在军中通告:"敢于劝谏的人要受刑!"到达鄢

水,队伍乱糟糟地渡河,从此不成行列,而且又不设防备。到达罗国,罗国和卢戎军队从两边夹击楚军,把楚军打得大败。莫敖在荒谷自缢而死,其他将领囚禁在冶父听候处罚。楚武王说:"这是我的罪过啊。"全部赦免了败军的将领们。

连称、管至父之乱(庄公八年)

齐襄公淫乱昏暴,在做太子时和妹妹文姜私通。后来文姜嫁给鲁桓公,桓公到齐国会见齐襄公,发现了他们兄妹间的丑恶关系。齐襄公恼羞成怒,命令公子彭生谋杀桓公,不久又慑于鲁国的压力杀了彭生。

这一段文字简明而生动地写出了齐国动乱的起因和经过。中间插进齐襄公把野猪当成彭生,用"豕人立而啼"五个字,就渲染出了当时的恐怖气氛和齐襄公色厉内荏的心理状态,表现了作者高明的语言技巧。

齐侯使连称、管至父戍葵丘[1],瓜时而往,曰:"及瓜而代。"期戍,公问不至。请代,弗许,故谋作乱。僖公之母弟曰夷仲年[2],生公孙无知,有宠于僖公,衣服礼秩如适(繁体字'適',同'嫡')[3]。襄公绌(chù 黜)之。二人因之以作乱。连称有从妹在公宫,无宠,使间公。曰:"捷,吾以女(同'汝')为夫人。"

冬十二月,齐侯游于姑棼[4],遂田于贝丘。见大豕。从

15

者曰:"公子彭生也!"公怒,曰:"彭生敢见!"射之。豕人立而啼。公惧,隧(同"坠")于车,伤足,丧屦(jù 句)。反,诛屦于徒人费[5]。弗得,鞭之,见血。走出,遇贼于门。劫而束之。费曰:"我奚御哉!"袒而示之背。信之。费请先入。伏公而出斗,死于门中。石之纷如死于阶下。遂入,杀孟阳于床。曰:"非君也,不类。"见公之足于户下,遂弑之,而立无知。

注释

[1] 葵丘:在今山东淄博市临淄区境。
[2] 僖公:名禄甫,襄公诸儿之父。
[3] 适有两种意义:一、正妻所生的儿子,二、正妻所生的长子。这里用后一义。
[4] 姑棼:在今山东博兴县境。
[5] 徒人费:徒人当作"侍人",即供差遣的小臣。费,人名。下文的石之纷如和孟阳应当也是侍人。

译文

齐襄公派遣连称、管至父驻守葵丘,瓜熟的时节前去,说:"到明年瓜熟派人接替你们。"驻守了一周年,齐襄公的命令并没有下来。连称、管至父请求派人接替,齐侯不同意,因此就策划叛乱。僖公的同母兄弟叫夷仲年,生子公孙无知,受到僖公的宠信,衣服礼仪等待遇都和嫡子一样。襄公降低了公孙无知的待遇。连称、管至父就利用公孙无知发动叛乱。连称有个堂妹在襄公后宫,不得宠,让她侦察襄公的情况。公孙无知说:"事情成功,我把你立为君夫人。"

冬季十二月,齐襄公在姑棼游玩,就在贝丘打猎。见到一只大野猪,随从说:"这是公子彭生啊!"齐襄公发怒,说:"彭生敢来见我!"用箭射它。野猪像人一样站起来嚎叫。齐僖公害怕,从车上掉下来,伤了脚,掉了鞋。回去以后,责令徒人费找鞋。找不到,齐襄公鞭打他,打得见了血。费走出去,在宫门口遇到叛贼。叛贼威胁他并把他捆起来。费说:"我哪里会抵抗啊!"裸露上身把后背给他们看。叛贼相信了。费(表示愿意帮助他们,)请求先进宫。进宫以后把齐襄公藏好再退出来格斗,战死在宫门里。石之纷如战死在台阶下。叛贼就进入宫中,在床上杀了孟阳,说:"不是国君,样子不像。"一眼见到齐襄公的脚露出在门下,就把他杀了,立了无知为国君。

曹刿论战（庄公十年）

长勺之战是一次著名的战役。这一段文字多被各种选本所采录，原因应当是：一、体现了作者对"民"的态度，说明了民心向背是战争胜负的根本因素；二、用极为经济的笔墨描写了曹刿的战术素养。

齐襄公荒淫无道，他的弟弟公子纠出奔到鲁国，公子小白出奔到莒国。襄公被公孙无知所杀，无知又被臣下所杀。公子纠和公子小白争当国君，小白在斗争中胜利，是为齐桓公。由于鲁国支持公子纠，所以齐桓公即位后，齐、鲁之间就发生了几次战争。

《公羊传》《战国策》《史记》等书还记载庄公十三年，齐、鲁在柯地会盟，曹刿以匕首劫持齐桓公，要他归还所侵占的鲁国国土，可以互相参考。

十年春，齐师伐我[1]。公将战。曹刿（guì 跪）请见[2]。其乡人曰："肉食者谋之[3]，又何间焉？"曰，"肉食者鄙，未能远谋。"乃入见，问何以战。公曰："衣食所安，弗敢专也，必以分人。"对曰："小惠未遍，民弗从也。"公曰："牺牲玉帛，弗敢加也〔4〕,必以信。"对曰:"小信未孚,神弗福也。"公曰:"小大之狱,虽不能察,必以情。"对曰:"忠之属也〔5〕,可以一战。战,则请从。"

公与之乘,战于长勺〔6〕。公将鼓之〔7〕。刿曰:"未可。"齐人三鼓。刿曰:"可矣。"齐师败绩。公将驰之。刿曰:"未可。"下,视其辙;登,轼而望之,曰:"可矣!"遂逐齐师。

既克,公问其故。对曰:"夫战,勇气也。一鼓作气,再而衰,三而竭。彼竭我盈,故克之。夫大国,难测也,惧有伏焉。吾视其辙乱,望其旗靡,故逐之。"

注释

〔1〕《春秋》是鲁国的史书。所以《春秋》和《左传》中的"我"都指鲁国。

〔2〕曹刿:《史记·刺客列传》写作"曹沫",说他是鲁国将领,有勇力。

〔3〕肉食:当时的生产水平低,肉食是高官贵族的生活享受。

〔4〕加:这里是夸大、以少报多的意思。

〔5〕本书《季梁论民为神主》载季梁的话说:"上思利民,忠也。"这里的"忠"字也用这一意义。

〔6〕长勺:在今山东曲阜市境。

〔7〕鼓:古代作战击鼓进军。三鼓,就是出击三次。

译文

庄公十年春季,齐国的军队攻打我国。庄公准备迎战。曹刿请求接见。他的同乡人说:"吃肉的人在那里谋划,你参与进去干什么？"曹刿说："吃肉的人鄙陋不通，不能深谋远虑。"于是就进见，问庄公凭什么作战。庄公说："衣食的享用，不敢独占，一定分给别人。"回答说："小恩小惠不能普遍，百姓不会跟从的。"庄公说："祭祀用的牲畜玉帛，不敢以少报多，一定诚实不欺。"回答说："一念之诚没有能扩大，神灵不会降福的。"庄公说："大大小小的案件，虽然不能明察，一定按照情理处理。"回答说："这是属于有利于百姓的事情了，可以凭这个打一仗。如果打仗，请让我跟着您。"

庄公和曹刿同乘一辆战车，在长勺作战。庄公准备击鼓进军。曹刿说："还不行。"齐国的军队击鼓出击三次。曹刿说："行了。"齐军大败。庄公准备追击。曹刿说："还不行。"下车，观察齐军车辙；上车，扶着前横板远望齐军，说："行了。"于是就追击齐军。

战胜以后，庄公问他什么缘故。回答说："作战，靠的是勇气。第一通鼓勇气振奋，第二通减退，第三通已经竭尽了。他们的士气竭尽而我们充盈，所以能战胜他们。齐国是大国，难于捉摸，害怕有埋伏。我观察他们的车辙已经杂乱，远望他们的旗帜已经倒下，所以追击他们。"

宋南宫长万弑宋闵公(庄公十一、十二年)

《左传》中有许多生动的描写。这一段中的南宫长万是著名的力士,作者用"批而杀之"、辇其母奔陈"一日而至"、包裹在犀牛皮中而"手足皆现"这些细节写他的勇力,唐代史学家刘知几称赞为"使读者望表而知里"(《史通·模拟》),应该不是溢美之辞。

乘丘之役[1],公以金仆姑射南宫长万[2],公右歂(chuán 船)孙生搏之[3]。宋人请之。宋公靳之,曰:"始吾敬子;今子,鲁囚也,吾弗敬子矣。"病之。

十二年秋,宋万弑闵公于蒙泽[4]。遇仇牧于门,批而杀之。遇大宰督于东宫之西,又杀之。立子游。群公子奔萧。公子御说奔亳(bó 博)。南宫牛、猛获帅师围亳。

冬十月,萧叔大心及戴、武、宣、穆、庄之族以曹师伐之。杀南宫牛于师,杀子游于宋,立桓公。猛获奔卫。南宫万奔陈,以乘车辇其母,一日而至[5]。

宋人请猛获于卫。卫人欲勿与。石祁子曰:"不可。天下之恶一也。恶于宋而保于我,保之何补?得一夫而失一国,与恶而弃好,非谋也。"卫人归之。亦请南宫万于陈,以赂。陈人使妇人饮之酒,而以犀革裹之。比及宋,手足皆见。宋人皆醢(hǎi 海)之。

注释

〔1〕乘丘之役:庄公十年六月,即长勺之战以后几个月,齐国和宋国攻打鲁国。鲁军以虎皮蒙马,在乘丘击败宋军。

〔2〕金仆姑:箭名。唐人诗中常用金仆姑以指代箭。南宫长万:宋国勇士,也称南宫万、宋万。

〔3〕右,即车右。春秋时代用四匹马(驷)拉的战车作战。一般御者居中;右边的将士执戈、盾,称车右;左边的将士执弓、箭,称车左。君主或主帅的战车,则御者居左而君主、主帅居中。

〔4〕据《公羊传》记载,由于宋闵公再次辱骂南宫长万,南宫长万拗折了他的脑袋。

〔5〕据杜预注,宋国和陈国相距二百六十里。

译文

乘丘战役中,庄公用箭射中南宫长万,庄公的车右歂孙活捉了他。宋国人请求释放长万。(回国以后,)宋闵公取笑他说:"从前我尊敬您;现在,您是鲁国的囚徒,我不再尊敬您了。"长万因此怀恨。

庄公十二年秋季,南宫长万在蒙泽杀了宋闵公。在门口遇到仇牧,一巴掌打死了他。在东宫的西面遇到太宰督,又杀死了他。拥立公子游为国君。公子们逃亡到萧国,公子御说逃亡到亳地。南宫牛和猛获领兵包围亳地。

冬季十月,萧叔大心和宋戴公、武公、宣公、穆公、庄公的族人领着曹国的军队进攻南宫长万。在战斗中杀死了南宫牛,在宋国杀死了子游,立桓公御说为国君。猛获逃亡到卫国。南宫长万逃亡到陈国,用一辆车子装上母亲拉着,只一天就到达。

宋国人要求卫国交还猛获。卫国人想不给。石祁子说:"不行。天下的邪恶是同样的,在宋国作恶却在我国受到保护,保护了他又有什么好处?得到一个人而得罪一个国家,袒护恶人而抛弃友好,这不是好主意。"卫国人把猛获交还宋国。宋国人又要求陈国归还南宫长万,并送上财礼。陈国人让妇女灌醉了南宫长万,并用犀牛皮把他包起来。等到抵达宋国,手脚都挣扎得露在犀牛皮外面了。宋国人把两人都剁成肉酱。

齐伐楚盟于召陵(僖公四年)

《左传》中的外交人辞令写得十分出色,多以雍容、委婉著称。然而这段文字中,楚国使者和屈完在强兵压境的情况下,面对霸主齐桓公,毫无畏怯,答辞强硬而得体。"君其问诸水滨"这种声口,为后来的许多散文家所模仿。

前人有"春秋无义战"的概括,不过战争双方总还有是非曲直之分。很明显,齐桓公伐楚,齐曲而楚直。理直则气壮,所以楚国人得以侃侃陈辞。外交是以力量为后盾的,楚国如果像蔡国那样一触即溃,当然就不会有这些为人传诵的辞令了。

四年春,齐侯以诸侯之师侵蔡。蔡溃,遂伐楚。楚子使与师言曰:"君处北海,寡人处南海[1],唯是风马牛不相及也[2]。不虞君之涉吾地也,何故?"管仲对曰:"昔召康公命我先君大(同'太')公曰[3]:'五侯九伯[4],女实征之,以夹辅周室!'赐我先君履,东至于海,西至于河,南至于穆陵,北至于无棣。尔贡苞茅不入,王祭不共,无以缩酒,寡人是征。昭王南征而不复[5],寡人是问。"对曰:"贡之不入,寡君之罪也,敢不共给?昭王之不复,君其问诸水滨!"师进,次于陉(xíng 形)〔6〕。

夏,楚子使屈完如师。师退,次于召陵。

齐侯陈诸侯之师,与屈完乘而观之。齐侯曰:"岂不穀是为〔7〕?先君之好是继。与不穀同好如何?"对曰:"君惠徼福于敝邑之社稷,辱收寡君,寡君之愿也!"齐侯曰:"以此众战,谁能御之?以此攻城,何城不克?"对曰:"君若以德绥诸侯,谁敢不服?君若以力,楚国方城以为城〔8〕,汉水以为池,虽众,无所用之。"

屈完及诸侯盟。

注释

〔1〕在古人的观念中,九州之外就是四海。这里说北海、南海,如同说极南、极北。

〔2〕风马牛:风,意为牛马发情互相引诱。一说,风是放逸、走失的意思。还有一些不同解释,不具引。这一比喻在古代常为人使用,《尚书·费誓》就有"马牛其风"的话。

〔3〕召康公:即召公奭,和周公旦一起辅佐年幼的周成王。大公:即姜尚,后世俗称姜太公。他是齐国的始祖,所以管仲称为"先君"。

〔4〕五侯九伯:前人的解释很多,迄无定说。这里可以理解为泛指天下诸侯。

〔5〕据《史记》等书记载,周昭王南巡,在渡过汉水时被淹死。此事在召陵之盟三百年以前,当时汉水一带也不属楚国,管仲的责备显然是"欲加之罪"的借口,所以楚使答复"君其问诸水滨"。

〔6〕陉:在今河南漯河市郾城区境。

〔7〕不榖:国君自称孤、寡、不榖。《左传》中仅楚王自称不榖,中原诸侯称不榖仅此一见。臣下对他国的君臣称自己的国君为"寡君"。

〔8〕方城:山名,在今河南叶县境。

译文

　　僖公四年春季,齐桓公率领诸侯的军队攻打蔡国。蔡军溃败,就接着攻打楚国。楚成王派使者到军中对齐桓公说:"君主住在北方,寡人住在南方,这是牛马发情狂奔也碰不到一起的。没有想到君主竟游历到我国的土地上,这是什么缘故?"管仲回答说:"从前召康公命令我们先君太公说:'五侯九伯,你有权力征伐,以便辅佐王室。'赐给我们先君征伐的范围,东边到大海,西边到黄河,南边到穆陵,北边到无棣。你们的贡品苞茅不及时交纳,天子的祭祀缺少了它,不能滤酒敬神,寡人为此而来问罪。昭王南征没有回去,寡人为此而来责问。"回答说:"贡品没有交纳,这是寡君的罪过,岂敢不供给?昭王没有回去,君主还是到水边去问吧!"部队继续前进,驻扎在陉地。

　　夏季,楚成王派屈完到军中。部队退走,驻扎在召陵。

　　齐桓公把诸侯的军队列成战阵,和屈完同乘一辆战车观看。齐桓公说:"(诸侯兴兵,)难道是为了不榖吗?这是为了继承先君所建立的友好关系。(贵国)和不榖共同友好怎么样?"屈完回答说:"君主惠临求福于敝国的土地五谷之神,承蒙看得起寡君,这正是寡君的愿望!"齐桓公说:"用这么多军队作战,谁能抵御他们?用他们攻城,哪个城池不能攻克?"屈完回答说:"君主如果用德行安抚诸侯,有谁敢不服?君主如果用武力,楚国有方城山作为城墙,汉水作为护城河,军队尽管多,没有地方用得上。"

屈完和诸侯订立了盟约。

秦、晋韩之战(僖公十五年)

《左传》中几次大规模战役的描写最为人称道,秦、晋韩原之战是书中的第一次大战。

秦、晋两国世为婚姻。晋献公的宠信骊姬,造成晋国祸乱,晋献公死,秦穆公帮助晋公子夷吾回国即位,是为晋惠公。晋惠公背信弃义,于是爆发了韩之战。战争开始前,晋国内部意见分歧,战争失败后,晋国却表现了上下一致的团结。而且,晋惠公被俘也给战胜国带来意想不到的麻烦,因为秦穆夫人是晋献公之女,她以死反对显耀胜晋的战功。秦国君臣审时度势,才同意与晋议和。同样是为娘家人说话,秦穆夫人和《秦晋殽之战》中的晋文夫人,由于情况、条件的不同,反应一则激烈,一则温和,作者都作了生动而合乎分寸的描写。

晋侯之入也[1],秦穆姬属贾君焉[2],且曰:"尽纳群公子。"晋侯烝于贾君,又不纳群公子,是以穆姬怨之。晋侯许赂中大夫,既而皆背之。赂秦伯以河外列城五,东尽虢略,南及华山,内及解梁城,既而不与。晋饥,秦输之粟;秦饥,晋闭之籴[3],故秦伯伐晋。

卜徒父筮之[4],吉:"涉河,侯车败。"诘之,对曰:"乃大吉也。三败,必获晋君。其卦遇《蛊》,曰:'千乘三去。三去之馀,获其雄狐。'夫狐蛊,必其君也。《蛊》之贞,风也;其悔,山也。岁云秋矣,我落其实,而取其材,所以克也。实落、材亡,不败何待?"

三败及韩。晋侯谓庆郑曰[5]:"寇深矣,若之何?"对曰:"君实深之,可若何!"公曰:"不孙!"卜右[6],庆郑吉,弗使。步扬御戎,家仆徒为右。乘小驷,郑入也。庆郑曰:"古者大事[7],必乘其产。生其水土,而知其人心;安其教训,而服习其道;唯所纳之,无不如志。今乘异产,以从戎事,及惧而变,将与人易。乱气狡愤,阴血周作,张脉偾兴,外强中干。进退不可,周旋不能,君必悔之。"弗听。

九月,晋侯逆秦师,使韩简视师。复曰:"师少于我,斗士倍我。"公曰:"何故?"对曰:"出因其资,入用其宠,饥食其粟,三施而无报,是以来也。今又击之,我怠、秦奋,倍犹未也!"公曰:"一夫不可狃,况国乎?"遂使请战,曰:"寡人不佞,能合其众而不能离也。君若不还,无所逃命。"秦伯使公孙枝对曰:"君之未入,寡人惧之;入而未定列,犹吾忧也。苟列定矣,敢不承命。"韩简退曰:"吾幸而得囚[8]。"

壬戌,战于韩原。晋戎马还(xuán旋)泞而止。公号庆郑。庆郑曰:"愎谏、违卜,固败是求,又何逃焉?"遂去之。梁由靡御韩简,虢射为右,辂(yà亚)秦伯,将止之。郑以救公误之,遂失秦伯。秦获晋侯以归。晋大夫反首拔舍从之。

秦伯使辞焉,曰:"二三子何其戚也!寡人之从晋君而西也[9],亦晋之妖梦是践[10],岂敢以至?"晋大夫三拜稽首[11],曰:"君履后土而戴皇天,皇天后土实闻君之言,群臣敢在下风[12]。"

穆姬闻晋侯将至,以太子罃、弘与女简璧登台而履薪焉。使以免(wèn问)服衰绖(cuī dié 崔迭)逆,且告曰:"上天降灾,使我两君匪以玉帛相见[13],而以兴戎。若晋君朝以入,则婢子夕以死;夕以入,则朝以死。唯君裁之!"乃舍诸灵台。

大夫请以入。公曰:"获晋侯,以厚归也;既而丧归,焉用之?大夫其何有焉?且晋人戚忧以重我,天地以要我。不图晋忧,重其怒也;我食吾言,背天地也。重怒难任,背天不祥,必归晋君。"公子絷曰:"不如杀之,无聚慝(tè 忒)焉[14]。"子桑曰:"归之而质其大子,必得大成。晋未可灭,而杀其君,只以成恶。且史佚有言曰:'无始祸,无怙乱,无重怒。'重怒难任,陵人不祥。"乃许晋平。

晋侯使郤(xì 隙)乞告瑕吕饴甥[15],且召之。子金教之言曰:"朝国人而以君命赏。且告之曰:'孤虽归,辱社稷矣,其卜贰圉(yù 语)也[16]。'"众皆哭。晋于是乎作爰田[17]。吕甥曰:"君亡之不恤,而群臣是忧,惠之至也,将若君何?"众曰:"何为而可?"对曰:"征缮以辅孺子。诸侯闻之,丧君有君,群臣辑睦,甲兵益多,好我者劝,恶我者惧,庶有益乎!"众说(同"悦"),晋于是乎作州兵。

初,晋献公筮嫁伯姬于秦,遇《归妹》之《睽》。史苏占之,曰:"不吉。其繇曰:'士刲羊,亦无衁(huāng 荒)也;女承筐,亦无贶也。西邻责言,不可偿也。《归妹》之《睽》,犹无相也。'《震》之《离》,亦《离》之《震》。'为雷为火,为嬴败姬。车说其輹[18],火焚其旗,不利行师,败于宗丘。《归妹》《睽》孤,寇张之弧。侄其从姑,六年其逋,逃归其国,而弃其家。明年其死于高梁之虚。'"及惠公在秦,曰:"先君若从史苏之占,吾不及此夫!"韩简侍,曰:"龟,象也;筮,数也。物生而后有象,象而后有滋,滋而后有数。先君之败德,及可数乎[19]?史苏是占,勿从何益。《诗》曰:'下民之孽,匪降自天。僔沓背憎,职竞由人[20]。'"

注释

〔1〕晋侯:指晋惠公夷吾,晋献公之子。僖公四年,晋献公宠姬骊姬潜杀太子申生,公子重耳和夷吾等都逃亡国外。九年,献公死,当时夷吾在秦国,得到秦穆公的帮助回国即位。

〔2〕秦穆姬:秦穆公夫人,晋献公之女。贾君:太子申生夫人。

〔3〕僖公十三年,晋国发生饥荒。当时秦、晋关系已经恶化,秦穆公仍决定援助晋国。第二年,即韩之战前一年,秦国发生饥荒,晋国却拒绝援助。

〔4〕用蓍草占卦称筮(shì 誓),用龟甲则称卜。《左传》多记卜筮之事,而且征验如合符契,显然是事后记录者的故神其辞。《蛊》《归妹》等都是卦名,其有关的术语玄虚深奥,无须一一详究。

〔5〕庆郑:晋国大夫,曾主张输粟援助秦国。

〔6〕右,即车右,战车上站在右边的将士。参见《宋南宫长万弑宋闵公》。

31

〔7〕大事:指祭祀或战争。

〔8〕意思是即使免于战死,也必败而被囚。

〔9〕明明是"虏晋君而西",却偏要这样说,这就是当时的外交辞令。

〔10〕僖公十年曾记载晋大夫狐突遇到死去的太子申生。申生表示要帮助秦国,在韩原惩罚夷吾。

〔11〕按当时的礼制,再拜稽首已经是很恭敬的礼节,三拜稽首则是亡国之臣的礼节。

〔12〕下风:风向的下方。在下风易于听清对方的话,这是地位低的人所应处的位置。

〔13〕玉帛:聘问会见时用的礼物。这里比喻友好往来。

〔14〕慝:灾祸。这句的意思是,晋惠公如果回晋国,集结力量,就是秦国的灾祸。

〔15〕郤乞:晋大夫。瑕吕饴甥:晋大夫。吕是姓,瑕是封邑。下句中的子金是他的字。《左传》中常有这种称谓不统一的情况。

〔16〕贰:本义是副职。古人认为太子是国君之副,后世就直接称太子为"储贰"。这里的意思是教晋惠公表示退位,用占卜来决定是否立太子圉为国君。

〔17〕爰田:《国语·晋语三》作"辕田"。爰田的具体措施,注家说法不一,当与改革土地所有制和税收制有关。下文"作州兵",则为改革兵制。改革后国力充实,十年以后,晋文公才能"一战而霸"。

〔18〕说:同"脱"。輹:车厢下勾住车轴的木头,也名"伏兔"。

〔19〕指晋献公私通父妾、宠骊姬而逼死太子申生等一系列事情。

〔20〕见《小雅·十月之交》。

译文

晋惠公回国的时候,秦穆姬把贾君嘱托给他,并且说:"把流亡的公子全都接纳回国。"晋惠公和贾君通奸,又不接纳流亡的公子,因此穆姬怨恨他。晋惠公曾答应赠送国内中大夫财物,事后全都背弃诺言。又答应赠送秦穆公黄河以西以南五座城,东到虢略,南到华山,还有黄河以内的解梁城,后来也不给了。晋国有灾荒,秦国给运来粟米;秦国有灾荒,晋国却拒绝它买粮食,所以秦穆公攻打晋国。

卜徒父为秦穆公占筮,卦辞吉利:"渡过黄河,侯的车子毁坏。"秦穆公追问。卜徒父回答说:"是大吉大利。三次打败他们,必定能俘获晋君。这一卦得到《蛊》,繇辞说:'国君的车辆追逐三次。三次追逐,捕获那条雄狐。'雄狐,一定是他们的国君。《蛊》的内卦是风,外卦是山。时令到了秋季了,我们的风吹落他们山上的果实,还取得他们的木材,因此可以战胜。果实落地、木材丧失,不败还等待什么?"

晋国三次战败,退到韩原。晋惠公对庆郑说:"敌人深入了,该怎么办?"庆郑回答说:"是君主让他们深入的,能有什么办法!"晋侯说:"放肆!"占卜车右的人选,庆郑吉利,却不派他。让步扬驾驭战车,家仆徒作为车右。用四匹小马驾车,这马是从郑国来的。庆郑说:"古代遇到战争,一定用本国的马驾车。出生在本国的土地上,了解主人的心意;服从主人的训练,熟悉本国的道路;随你怎么驾驭,没有不如意的。现在用外国的马来驾车,来从事战斗,等到害怕而失去常态,就会跟人拧着了。鼻子里不断喷气,血液在全身奔流,血管扩张突起,外表强壮而内部虚弱。进退不如意,旋转不灵便,君主必定要后悔的。"晋惠公不听。

九月,晋惠公迎战秦军,派韩简侦察军情。韩简回来说:"秦军比我们少,战士却超过我们一倍。"晋惠公说:"为什么?"韩简回答说:"逃亡在外时得到他的资助,回到国内是由于他的爱护,有了灾荒吃他的粟米,三次给我们恩施而没有报答,因此才来攻打。现在又要迎击秦军,我们懈怠,他们奋发,力量相差一倍还不止啊!"晋惠公说:"一个普通人还不能轻侮,何况是国家呢?"于是就派韩简去约战,说:"寡人没有才能,只能集合我的部下而不能解散他们。君主如果不回去,我们没有地方可以逃避君主的命令。"秦穆公派公孙枝回答说:"君主回国以前,寡人为此担心;回国以后没有继位,仍然是我的忧虑。如果君位已定,哪里敢不接受君主的命令?"韩简退下去说:"我能被囚禁就算幸运了。"

壬戌日,在韩原开战。晋惠公的四匹马在烂泥地里盘旋出不来。晋惠公呼喊庆郑。庆郑说:"不听劝谏,违抗占卜,本来是自找失败,又逃到哪里去呢?"于是就离开了。梁由靡为韩简驾驭战车,虢射做车右,迎上秦穆公的战车,将要俘虏他。由于庆郑要他们救援晋惠公而耽误,于是失去了俘虏秦穆公的机会。秦国俘虏了晋惠公回国。晋国的大夫披头散发、拔起营帐跟随。秦穆公派使者辞谢说:"诸位为什么那样忧伤呢!寡人跟随晋国国君往西去,只是实践晋国的妖梦罢了,难道敢太过分吗?"晋国的大夫三次下拜叩头,说:"君主脚踩后土头顶皇天,皇天后土是听到君主的话了,下臣们谨在下边听候吩咐。"

穆姬听说晋惠公将要到来,领着太子罃、公子弘和女儿简璧登上高台站在柴草上。派使者戴着丧帽穿着丧服迎接,并且告诉秦穆公说:"上天降下祸灾,让我们两国的国君不是用玉帛相见,而是动用甲兵。如果晋国国君早晨进城,那么婢子就晚上死;晚上进城,就早晨死。请君主裁夺。"于是就把晋惠公安置在灵台。

大夫们请求把晋惠公带进国都。秦穆公说:"俘虏晋君,本来是带着丰厚的收获回来的;但一回去就会有丧事,这个人还有什么用?大夫又能得到什么呢?而且晋国人用沉痛忧伤来感动我,用天地鬼神来约束我。不考虑晋国人的忧伤,这是增加他们的愤怒;我说了话不算数,这是违背天地。增加愤怒会难于承当,违背上天会不吉利,一定要让晋君回国。"公子絷说:"不如杀了他,不要积聚灾祸。"子桑说:"让他回去而用他的太子作为人质,必定会得到有利的媾和条件。现在还不能灭亡晋国,杀掉他们的国君,只能造成坏结果。而且史佚曾经说过:'不要发动祸难,不要依靠动乱,不要增加愤怒。'增加愤怒难于承担,欺陵别人不吉利。"于是就允许晋国媾和。

晋惠公派郤乞回国告诉瑕吕饴甥,同时召他来到秦国。吕饴甥授意郤乞说:"召集都城里的人用国君的名义给予赏赐,并且告诉他们说:'孤虽然回来,已经给国家带来耻辱了,还是为太子圉（即位）占卜吧。'"（郤乞照办，）大家一齐号哭。晋国由此制定爰田的办法。吕饴甥说："国君不为自己逃亡而忧虑，却为群臣担心，这是最大的恩惠了，我们准备怎么对待国君呢？"大家说："怎么办才行呢？"吕饴甥回答说："征收赋税、修理武器装备来辅助继承者。诸侯听到我们这样做，失去国君又有了国君，群臣和睦，装备武器比以前更多，喜欢我们的会勉励我们，讨厌我们的会害怕我们，也许会有好处吧！"大家很高兴，晋国由此而制定州兵的制度。

起初，晋献公为伯姬出嫁给秦国占筮，得到《归妹》变成《睽》。史苏预测说："不吉利。卦的繇辞说：'男人宰羊，不见血浆；女人拿筐，白忙一场。西邻责备，不可补偿。《归妹》变《睽》，没人相帮。'《震》变成《离》，也就是《离》变成《震》。'又是雷，又是火，胜利者姓嬴失败者姓姬。车子脱落伏兔，大火烧掉军旗，不利于出师，在宗丘打得惨惨凄凄。《归妹》嫁女，《睽》离单孤，敌人张开木弓。侄子跟着姑姑，六年之后，逃回自己所居，抛弃爱姝。明年死在高粱的废墟。'"等到惠公被囚在秦国，说："先君如果听从了史苏的占筮，我不会落到这个地步罢！"韩简随侍在旁，说："龟甲，用形象显示吉凶；筮草，用数字显示吉凶。万物出生以后才有形象，有形象以后才能滋长，滋长以后才有数字。先君的败坏道德，难道数得完吗？史苏这一占筮，不听从也不增加祸害。《诗》说：'百姓的灾祸，不是从天而降。当面奉承背后怨恨，都由于人的无状。'"

宋、楚泓之战（僖公二十二年）

宋襄公实力很弱，却一心想充当诸侯的盟主。僖公二十一年秋天，他和楚、陈、蔡、郑、许、曹诸国会盟，结果被楚国囚禁，同年十二月才释放。第二年三月，郑伯到楚国，宋襄公痛恨郑国和楚国交好，起兵攻打郑国，于是就导致了这场战争。

宋襄公迂执不通，信奉教条，结果兵败伤股，这自然很可笑。但是和当时许多自恃武力、玩弄阴谋的国君比较，不妨说，这个人也有其使人同情的一面。

夏，宋公伐郑。子鱼曰："所谓祸在此矣[1]。"

楚人伐宋以救郑。宋公将战，大司马固谏曰："天之弃商久矣[2]，君将兴之，弗可赦也已。"弗听。

冬十一月己巳朔，宋公及楚人战于泓[3]。宋人既成列，楚人未既济。司马曰："彼众我寡，及其未既济也，请击之。"公曰："不可。"既济而未成列，又以告。公曰："未可。"既陈（同"阵"）而后击之。宋师败绩。公伤股，门官歼焉[4]。

国人皆咎公。公曰:"君子不重伤,不禽二毛。古之为军也,不以阻隘也。寡人虽亡国之馀,不鼓不成列。"子鱼曰:"君未知战。勍(qíng擎)敌之人,隘而不列,天赞我也;阻而鼓之,不亦可乎？犹有惧焉。且今之勍者,皆吾敌也。虽及胡耇(gǒu 苟),获则取之,何有于二毛？明耻教战,求杀敌也。伤未及死,如何勿重？若爱重伤,则如勿伤;爱其二毛,则如服焉。三军以利用也[5],金鼓以声气也。利而用之,阻隘可也;声盛致志,鼓儳(chán 谗)可也。"

注释

〔1〕子鱼:即下文的大司马固,宋国将领。在上一年宋、楚等国会盟时,他认为宋襄公欲望太大,曾说过"祸其在此乎"。这句话说明他的预言将要应验。

〔2〕周武王灭商,封纣王的哥哥微子启于宋,所以宋人是商人的后代。

〔3〕泓:水名。在今河南柘城县。

〔4〕门官:宋公的警卫军。

〔5〕三军:春秋时,大国多设中军、上军、下军三军。

译文

夏季,宋襄公攻打郑国。子鱼说:"所说的祸患就在这里了。"

楚国人攻打宋国救援郑国。宋襄公准备迎战,大司马固劝谏说:"上天抛弃商朝很久了,君主要复兴它,这是不能为上天赦免的。"宋襄公不听。

冬季十一月己巳朔日,宋襄公和楚国人在泓水边作战。宋军已经摆开阵势,楚军还没有全部渡河。司马说:"他们人多我们人少,乘楚军还没有全部渡河的机会,请下令攻击他们。"宋襄公说:"不行。"楚军渡河以后还没有摆开阵势,又请求出击。宋襄公说:"不行。"等楚军摆开阵势然后出击,宋军大败。宋襄公腿上受伤,警卫军被歼灭。

国内的人都责备宋襄公。宋襄公说:"君子不再伤害伤员,不擒捉头发花白的人。古人用兵作战,不依靠险隘的地势取胜。寡人虽然是已经灭亡国家的后代,不攻击没有摆开阵势的军队。"子鱼说:"君主不懂得作战。强劲的对手,由于地形险隘而不能摆开阵势,这是上天在帮助我们把他们拦截攻击,不也是可以的吗?(即使这样,)还害怕未必取胜。而且现在有力量的,都是我们的敌人。哪怕是老头子,俘虏了就抓回来,管什么头发花白?教导士兵以不能勇敢作战为耻辱,是要求杀死敌人。敌人受了伤没有死,为什么不能再伤害?如果同情伤员而不再伤害,那么一开始就应该不加伤害;同情敌方头发花白的人,就应当向他们投降。军队是为了获胜才使用的,鸣金击鼓是用来鼓舞士气的。为了获胜使用军队,利用险隘是可以的;宏大的声音集中意志,进击队伍不整的敌人也是可以的。"

晋公子重耳之亡(僖公二十三、二十四年)

晋文公即公子重耳,是《左传》作者最着力塑造的人物之一。这一大段文字集中写出了重耳在流亡中成长。离开狄地时要求季隗等他二十五年而后嫁,可见对前途毫无信心;过卫国,在狐偃的提醒下能强忍怒气;到楚国,和楚成王"辟君三舍"的答对,不亢不卑,已经使楚成王作出了"广而俭,文而有礼"的评价;而回国后对待寺人披和头须的态度,则在政治上已经完全成熟了。

晋文公之所以成为霸主,和他十九年的流浪生活有密切的关系。作者在僖公二十八年借楚成王之口,说他"险阻艰难,备尝之矣;民之情伪,尽知之矣",所以城濮一战而霸,就是势所必至,理有固然的事了。

晋公子重耳之及于难也,晋人伐诸蒲城[1]。蒲城人欲战,重耳不可,曰:"保君父之命而享其生禄,于是乎得人。有人而校,罪莫大焉。吾其奔也。"遂奔狄[2]。从者狐偃、赵衰(cuī 崔)、颠颉、魏武子、司空季子[3]。狄人伐廧咎(qiáng gāo 墙高)如[4],获其二女叔隗(kuí 葵)、季隗,纳诸公子。

公子取季隗,生伯儵(shū 叔)、叔刘。以叔隗妻赵衰,生盾。将适齐,谓季隗曰:"待我二十五年,不来而后嫁。"对曰:"我二十五年矣。又如是而嫁,则就木焉。请待子。"处狄十二年而行。

过卫,卫文公不礼焉。出于五鹿,乞食于野人,野人与之块[5]。公子怒,欲鞭之。子犯曰:"天赐也。"稽首受而载之。

及齐,齐桓公妻之,有马二十乘,公子安之。从者以为不可,将行,谋于桑下。蚕妾在其上,以告姜氏。姜氏杀之,而谓公子曰:"子有四方之志,其闻之者,吾杀之矣。"公子曰:"无之。"姜曰:"行也!怀与安,实败名。"公子不可。姜与子犯谋,醉而遣之。醒,以戈逐子犯。

及曹,曹共公闻其骈胁,欲观其裸。浴,薄而观之。僖负羁之妻曰[6]:"吾观晋公子之从者,皆足以相国。若以相,夫子必反其国[7]。反其国,必得志于诸侯。得志于诸侯而诛无礼,曹其首也。子盍蚤自贰焉[8]!"乃馈盘飧(sūn 孙),置璧焉。公子受飧反璧。

及宋,宋襄公赠之以马二十乘。

及郑,郑文公亦不礼焉。叔詹谏曰[9]:"臣闻天之所启,人弗及也。晋公子有三焉,天其或者将建诸!君其礼焉。男女同姓,其生不蕃。晋公子,姬出也,而至于今,一也。离外之患,而天不靖晋国,殆将启之,二也。有三士足以上人,而从之,三也。晋、郑同侪,其过子弟固将礼焉,况天之所启乎?"弗听。

及楚,楚子飨之,曰:"公子若反晋国,则何以报不穀?"对曰:"子女玉帛[10],则君有之;羽毛齿革,则君地生焉。其波及晋国者,君之余也。其何以报君?"曰:"虽然,何以报我?"对曰:"若以君之灵,得反晋国,晋、楚治兵[11],遇于中原,其辟(同'避')君三舍。若不获命,其左执鞭弭,右属櫜鞬,以与君周旋。"子玉请杀之[12]。楚子曰:"晋公子广而俭,文而有礼。其从者肃而宽,忠而能力。晋侯无亲,外内恶之。吾闻姬姓唐叔之后,其后衰者也,其将由晋公子乎!天将兴之,谁能废之?违天,必有大咎。"乃送诸秦。

秦伯纳女五人,怀嬴与焉[13]。奉匜(yí 移)沃盥(guàn 贯),既而挥之[14]。怒,曰:"秦、晋匹也,何以卑我?"公子惧,降服而囚。他日,公享之。子犯曰:"吾不如衰之文也,请使衰从[15]。"公子赋《河水》,公赋《六月》[16]。赵衰曰:"重耳拜赐!"公子降,拜,稽首,公降一级而辞焉。衰曰:"君称所以佐天子者命重耳,重耳敢不拜?"

二十四年春王正月,秦伯纳之[17]。不书,不告入也。

及河,子犯以璧授公子,曰:"臣负羁绁(xiè 谢)从君巡于天下,臣之罪甚多矣,臣犹知之,而况君乎?请由此亡。"公子曰:"所不与舅氏同心者,有如白水!"[18]投其璧于河。

济河,围令狐,入桑泉,取臼衰。二月甲午,晋师军于庐柳。秦伯使公子絷如晋师。师退,军于郇。辛丑,狐偃及秦、晋之大夫盟于郇。壬寅,公子入于晋师。丙午,入于曲沃。

丁未,朝于武宫。戊申,使杀怀公于高梁。不书,亦不告也。

吕、郤畏逼[19],将焚公宫而弑晋侯。寺人披请见[20]。公使让之,且辞焉,曰:"蒲城之役,君命一宿,女(同'汝')即至。其后余从狄君以田渭滨,女为惠公来求杀余,命女三宿,女中宿至。虽有君命,何其速也? 夫袪犹在。女其行乎!"对曰:"臣谓君之入也,其知之矣。若犹未也,又将及难。君命无二,古之制也。除君之恶,唯力是视。蒲人、狄人,余何有焉? 今君即位,其无蒲、狄乎[21]! 齐桓公置射钩,而使管仲相[22]。君若易之,何辱命焉? 行者甚众,岂唯刑臣?"公见之,以难告。三月,晋侯潜会秦伯于王城。己丑晦,公宫火。瑕甥、郤芮不获公,乃如河上,秦伯诱而杀之。晋侯逆夫人嬴氏以归。秦伯送卫于晋三千人,实纪纲之仆。

初,晋侯之竖头须,守藏者也。其出也,窃藏以逃,尽用以求纳之。及入,求见。公辞焉以沐。谓仆人曰:"沐则心覆,心覆则图反,宜吾不得见也。居者为社稷之守,行者为羁绁之仆,其亦可也,何必罪居者? 国君而仇匹夫,惧者其众矣。"仆人以告,公遽见之。

狄人归季隗于晋,而请其二子。文公妻赵衰,生原同、屏括、楼婴。赵姬请逆盾与其母,子余辞。姬曰:"得宠而忘旧,何以使人? 必逆之!"固请,许之。来,以盾为才,固请于公,以为嫡子,而使其三子下之;以叔隗为内子,而己下之。

晋侯赏从亡者,介之推不言禄,禄亦弗及。推曰:"献公之子九人,唯君在矣。惠、怀无亲,外内弃之。天未绝晋,必

43

将有主。主晋祀者,非君而谁?天实置之,而二三子以为己力,不亦诬乎?窃人之财,犹谓之盗,况贪天之功以为己力乎?下义其罪,上赏其奸;上下相蒙,难与处矣。"其母曰:"盍亦求之?以死谁怼?"对曰:"尤而效之,罪又甚焉。且出怨言,不食其食。"其母曰:"亦使知之,若何?"对曰:"言,身之文也。身将隐,焉用文之?是求显也。"其母曰:"能如是乎?与女偕隐。"遂隐而死。晋侯求之不获。以绵上为之田,曰:"以志吾过,且旌善人。"

注释

〔1〕僖公四年,骊姬谮杀太子申生,公子重耳逃奔蒲城(今山西隰县)。五年,晋献公派寺人披攻打蒲城。

〔2〕狄:同"翟",北方民族名。居住在黄河以西的陕西地区。

〔3〕狐偃,重耳的舅父,字子犯。赵衰,晋国大夫,字子余。魏武子,即魏犨(chóu 愁)。晋国大夫。司空季子,即胥臣,亦称白季。司空是官名。这些人都是当时有名望、有才能的人。

〔4〕廧咎如:狄族的一个部落。

〔5〕五鹿:卫地,今河南濮阳市南。块:土块。"野人"本意在于取笑重耳,狐偃却说成是象征上天赐给土地,是复国的希望。

〔6〕僖负羁:曹国大夫。

〔7〕夫子:如同说"那个人""那位先生",也往往用作第二人称的敬称。

〔8〕贰:不专一,有二心。这里说不要一个心眼地为曹国效忠,而要对重耳表示亲近。

〔9〕叔詹:郑文公的弟弟,执政有贤名。

〔10〕子女玉帛：子女，指百姓；玉帛，指财物。

〔11〕治兵：演习军事。在外交辞令中用作战争的代称。如同下文的"周旋"，原义是接待宾客的礼节举止，这里也指作战。

〔12〕子玉：名得臣，楚国的令尹（执政的最高官员）。

〔13〕怀嬴：秦穆公女。僖公十七年，晋惠公的太子圉入秦作人质，秦穆公把怀嬴嫁给他。二十二年，圉逃回晋国，怀嬴没有同行。秦国是嬴姓，太子圉即晋怀公，怀嬴即因此得名。

〔14〕之，当指怀嬴。一说，挥之为挥手去水。古人洗手后用巾擦手，挥手去水易于溅到别人身上，不合礼节。

〔15〕春秋时代的外交场合，宾主常常要赋诗言志，即引用《诗经》中的某几句以表达自己的"志"。引用诗句常常断章取义，因此需要熟悉经典、机敏而富有文采的人作为随从，以便在旁随时提醒。

〔16〕《河水》：当作《沔水》，见《小雅》。诗中有"沔彼流水，朝宗于海"之句，重耳以此表示一旦回国，他会向秦国入朝。《六月》：见《诗经·小雅》，内容歌颂尹吉甫辅佐周宣王征伐获胜，所以赵衰说"君称所以佐天子者命重耳"。

〔17〕僖公二十三年九月晋惠公死，太子圉继立，是为晋怀公。秦穆公用武力护送重耳入晋。纳，使之进入的意思。

〔18〕有如白水："有如"是当时起誓时的套语，以下的宾语即向之起誓的神灵。下句投于河的璧，是起誓的信物。

〔19〕吕氏和郤氏是晋惠公的拥护者，参见《秦晋韩之战》。

〔20〕寺人披：寺人，即阉人。重耳在蒲城越墙逃走时，曾被寺人披砍断衣袖。

〔21〕这两句的意思是：当时只知服从君命杀死重耳，不过是把他当成一般的蒲人、狄人而已。现在您做了国君，难道就不要使用忠于君命的人去对付蒲、狄这样的敌对者了吗？

〔22〕齐桓公和公子纠争夺君位,管仲当时拥护公子纠,曾放箭射中齐桓公带钩。但后来齐桓公还是重用管仲。事见《史记·齐世家》,《左传》中没有记载射钩这一细节。

译文

晋公子重耳受到骊姬陷害的时候,晋国人到蒲城攻打他。蒲城人想要迎战,重耳不同意,说:"依靠了国君父亲的命令才享有养生的俸禄,因此得到百姓拥护。有了百姓而反抗,罪过没有比这再大的了。我还是逃亡吧!"于是就逃亡到狄人那里。跟随的人有狐偃、赵衰、颠颉、魏武子、司空季子。狄人攻打廧咎如,俘获了他两个女儿叔隗、季隗,送给公子。公子娶了季隗,生了伯儵、叔刘。把叔隗给赵衰做妻子,生了盾。公子准备到齐国去,对季隗说:"等我二十五年,不回来然后出嫁。"季隗回答说:"我二十五岁了。再过这么些年出嫁,那就要进棺材了。让我等着您。"公子在狄前后住了十二年才离去。

经过卫国,卫文公不加礼遇。离开五鹿时,向乡下人要饭,乡下人给他一块泥土。公子发怒,要鞭打他。狐偃说:"这是上天的赐与啊!"于是叩头接受,把它装上车子。

到达齐国,齐桓公把女儿嫁给他,陪嫁的马有八十匹,公子安于齐国的生活。跟随的人认为这样不行,准备离开齐国,在桑树下商量。养蚕的侍妾正好在树上,把听到的话告诉桓公的女儿姜氏。姜氏杀了蚕妾,告诉公子说:"您有远大的志向,听到的人,我已经杀了。"公子说:"没有这回事。"姜氏说："走吧！留恋妻子和贪图安逸，实在会败坏名声。"公子不同意。姜氏和狐偃商量，用酒灌醉公子后把他送走。公子酒醒，拿起戈追赶狐偃。

到达曹国，曹共公听说公子的肋骨相接为一块，想要看到他裸体的样子。乘他洗澡，逼近去观看。僖负羁的妻子说："我看晋公子的随从，都有辅佐国家的才能。如果用作辅佐，那位先生必定回到晋国。回到晋国，必定在诸侯中得志。在诸侯中得志就要惩罚无礼的国家，曹国会首先被惩罚。您何不早一点向他致意呢？"于是僖负羁就送给晋公子一盘食物，里边藏着玉璧。公子收下食物退回了玉璧。

到达宋国，宋襄公把八十匹马送给他。

到达郑国，郑文公也不加礼遇。叔詹劝谏说："下臣听说上天给予赞助，人力是比不了的。晋公子有三个特点，上天可能要立他为国君吧！君主还是以礼相待。父母同姓，子孙不能蕃育。晋公子是姬姓女子所生，而能活到今天，这是一。遭受逃亡的忧患，可是上天不使晋国安定，大约是要赞助他，这是二。有三个人才能高出一般人之上，却跟随着他，这是三。晋国和郑国地位相等，他们的子弟路过本来应当以礼相待的，何况上天给予赞助的呢？"郑文公没有听从。

到达楚国，楚成王宴请他，说："公子如果回到晋国，用什么报答不穀？"公子回答说："子女玉帛，这是君主所拥有的；鸟羽、裘皮、象牙、犀牛皮，这是君王土地上所生长的。那些分散在晋国的，不过是君主的剩余。我能用什么来报答君主呢?"楚成王说:"尽管这样,究竟用什么报答我?"公子说:"如果托君主的福,能够回到晋国,一旦晋、楚两国演习军事,在中原相遇,那就将避开君王九十里。如果还得不到君主的宽大,那就左手拿着鞭和弓,右边挂着箭袋弓袋,以此与君主酬应。"子玉请求杀掉他。楚成王说:"晋公子胸怀广阔而能约束自己,辞令有文采而合于礼仪。他的随从严肃而宽大,忠诚而能尽力。晋侯没有亲近的人,国内国外都很讨厌他。我听说姬姓中唐叔的后代,是最后衰亡的,这大概由于晋公子的原因吧!上天将要使他兴起,谁能够废掉他?违背上天,必定有大灾。"于是就把他送到秦国。

秦穆公送给重耳五个女子,怀嬴也在内。怀嬴捧着匜倒水伺候盥洗,他洗完了挥手让怀嬴走开。怀嬴发怒,说:"秦国和晋国地位对等,为什么看不起我?"公子害怕,脱去上衣把自己关禁起来(表示谢罪)。过些天,秦穆公宴请他。狐偃说:"我不如赵衰那样有文采,请让赵衰随从您去。"公子在宴会上赋《河水》这首诗,秦穆公赋《六月》这首诗。赵衰说:"重耳拜谢恩赐!"公子退到阶下,拜,叩头,秦穆公走下一级台阶辞谢。赵衰说:"君主用辅佐天子的事业命令重耳,重耳岂敢不拜谢?"

二十四年春季周历正月,秦穆公把公子送回晋国。《春秋》没有记载,因为晋国没有来报告这件事。

到达黄河,狐偃把玉璧交给公子,说:"下臣背着马笼头马缰绳跟随您在天下巡行,下臣的罪过很多了,自己尚且知道,何况君主呢?请让我从这里离开吧!"公子说:"如果不和舅父一心一意,有河神为证。"把他的玉璧投在黄河里。

渡过黄河,包围令狐城,进入桑泉城,攻占臼衰城。二月甲午日,晋怀公的军队驻扎在庐柳。秦穆公派遣公子絷到晋军中谈判。晋军退走,驻扎在郇城。辛丑日,狐偃和秦国、晋国的大夫在郇城结盟(拥戴重耳)。壬寅日,公子到达晋军中。丙午日,进入曲沃城。丁未日,到晋武公的庙中拜祭。戊申日,派人在高梁杀了晋怀公。《春秋》没有记载,也是因为晋国没有来报告这件事。

吕、郤两家担心受迫害,准备焚烧晋文公的宫室谋杀文公。寺人披请求进见。晋文公派人责备他,并且拒绝接见,说:"蒲城那一次,国君命令你过一个晚上到达,你立刻就到了。以后我跟随狄君在渭水边打猎,你为惠公来搜寻杀死我,惠公命令你过三个晚上到达,你第二个晚上就到了。虽然有国君的命令,为什么那么快呢?现在袖子还在,你还是走开吧!"寺人披回答说:"下臣以为君主回国以后,已经懂得事理了。如果仍然没有的话,就会再一次遇到祸难。国君的命令没有二话可说,是古代的制度。除去国君所厌恶的人,只有尽自己的力量。蒲人、狄人,跟我有什么关系呢?现在君主登上君位,难道就没有蒲人、狄人了吗?齐桓公把射中他带钩的事放在一边,让管仲辅佐他。君主如果改变这种做法,哪里还用得着下命令?该走的人很多,难道单单是我受过宫刑的小臣?"文公接见了他,(他)就把吕、郤的阴谋作了报告。三月,文公偷偷地和秦伯在王城会见。己丑晦日,文公的宫室起火。吕饴甥、郤芮没有找到文公,就去到黄河边,秦穆公把他们骗去杀了。晋侯迎接夫人嬴氏回国。秦穆公赠给晋国三千名卫士,都是得力的仆人。

起初,文公的小僮头须,是看守库房的。当文公在国外的时候,头须偷了财物逃走,把财物都用来设法让晋国接纳文公。等到文公回国,头须请求进见。文公推托说洗头不见。头须对仆人说:"洗头的时候心就颠倒,心颠倒意图就反过来,无怪我不能进见了。留在国内的人是国家的守卫,随行的人是背着马笼头马缰绳的仆从,他们也都是有功的,为什么一定要惩罚留在国内的人?一国之君如果仇视一个普通人,害怕的人恐怕就多了。"仆人把这些话报告文公,文公马上接见头须。

狄人把季隗送回晋国,并请求留下她两个儿子。文公把女儿嫁给赵衰,生原同、屏括、楼婴。赵姬请求迎接赵盾和他的母亲,赵衰推辞,赵姬说:"得到新欢而忘记旧好,还怎么使用别人?一定要接她回来!"坚决请求,赵衰允许了。回来以后,赵姬认为赵盾有才,坚决向文公请求,把赵盾作为嫡子,而让她自己生的三个儿子居于赵盾之下;让叔隗作为正妻,而自己居于她之下。

晋侯赏赐跟随他逃亡的人,介之推不谈禄位,禄位也没有给他。介之推说:"献公的儿子九个,只有国君在世了。

惠公、怀公没有亲近的人，国内国外都抛弃他。上天不绝晋国，必定会有君主。主持晋国祭祀的人，不是君主又是谁？上天是有意这样安排的，可是他们几位以为是自己的力量，这不是欺骗吗？偷窃别人的财物，尚且叫做盗，何况贪上天的功劳以为自己的力量呢？下面的人把罪过当作正义，上面的人对欺骗加以赏赐，上下互相欺蒙，这就难以和他们相处了。"他的母亲说："何不也去求赏？没有得到赏赐，死后又能怨谁？"介之推回答说："明知错误而去仿效，罪过就更大了。而且我还口出怨言，不能再吃他的俸禄了。"他的母亲说："让他知道这件事，怎么样？"介之推回答说："言语，是身体的文饰。身体将要隐藏，哪里用得着文饰？（让他知道，就）是追求显耀了。"他的母亲说："能够这样吗？我和你一起去隐居。"于是就隐居而死。文公到处寻找他没有找到，就把绵上作为他的封田，说："用来表明我的过失，同时表扬好人。"

晋、楚城濮之战（僖公二十八年）

春秋时代大国互争雄长，晋、楚城濮之战是两国间发生的第一次大型战争。凡是大型战争，往往起因复杂，头绪繁多，作者却都能处理得有条不紊，轻重得宜。在这次战争中，作者着重刻画了晋文公、先轸、子玉三个人物。晋文公沉毅机智，尽管在战前作了充分准备，临战仍小心翼翼。面对强敌，饱经忧患的人常常"临事而惧"，写出这一点，足以见出描摹人情的细致。先轸分析问题深刻周密，玩弄政治权术又是那么熟练，而作为晋国对立面的子玉却显得轻率浮躁。决定这次战争的胜负，主要因素不在兵力和战术的差别，也就不言而自明。

晋侯围曹，门焉[1]，多死。曹人尸诸城上，晋侯患之[2]。听舆人之谋，称"舍于墓"。师迁焉。曹人凶惧，为其所得者棺而出之。因其凶也而攻之。三月丙午，入曹，数之以其不用僖负羁，而乘轩者三百人也[3]，且曰献状[4]。令无入僖负羁之宫，而免其族，报施也。魏犨、颠颉怒，曰："劳之不图，报于何有？"爇（ruò若）僖负羁氏。魏犨伤于胸，公欲杀之,而爱其材。使问,且视之。病,将杀之。魏犨束胸见使者,曰:"以君之灵,不有宁也!"距跃三百,曲踊三百。乃舍之。杀颠颉以徇于师,立舟之侨以为戎右[5]。

宋人使门尹般如晋师告急[6]。公曰:"宋人告急,舍之则绝,告楚不许。我欲战矣,齐、秦未可,若之何?"先轸曰:"使宋舍我而赂齐、秦,藉之告楚。我执曹君,而分曹、卫之田以赐宋人。楚爱曹、卫,必不许也。喜赂,怒顽,能无战乎?"公说(同"悦"),执曹伯,分曹、卫之田以畀(bì 币)宋人。

楚子入居于申,使申叔去谷,使子玉去宋[7],曰:"无从晋师。晋侯在外十九年矣,而果得晋国。险阻艰难,备尝之矣;民之情伪,尽知之矣。天假之年,而除其害[8]。天之所置,其可废乎?军志曰:'允当则归。'又曰:'知难而退。'又曰:'有德者不可敌。'此三志者,晋之谓矣。"子玉使伯棼请战,曰:"非敢必有功也,愿以间执谗慝之口。"王怒,少与之师,唯西广、东宫与若敖之六卒实从之[9]。

子玉使宛春告于晋师曰:"请复卫侯而封曹,臣亦释宋之围。"子犯曰:"子玉无礼哉!君取一,臣取二。不可失矣[10]。"先轸曰:"子与之。定人之谓礼,楚一言而定三国,我一言而亡之,我则无礼,何以战乎?不许楚言,是弃宋也。救而弃之,谓诸侯何?楚有三施,我有三怨,怨仇已多,将何以战?不如私许复曹、卫以携之,执宛春以怒楚,既战而后图之。"公说(同"悦")。乃拘宛春于卫,且私许复曹、卫。曹、卫告绝于楚。

子玉怒,从晋师。晋师退。军吏曰:"以君辟臣,辱也。且楚师老矣[11],何故退?"子犯曰:"师直为壮,曲为老,岂在久乎?微楚之惠不及此,退三舍辟之,所以报也。背惠食言,以亢其仇,我曲楚直,其众素饱,不可谓老。我退而楚还,我将何求?若其不还,君退、臣犯,曲在彼矣。"退三舍。楚众欲止,子玉不可。

夏四月戊辰,晋侯、宋公、齐国归父、崔夭、秦小子慭(yìn印)次于城濮。楚师背酅(xī西)而舍,晋侯患之。听舆人之诵曰:"原田每每,舍其旧而新是谋。"[12]公疑焉。子犯曰:"战也!战而捷,必得诸侯。若其不捷,表里山河,必无害也[13]。"公曰:"若楚惠何?"栾贞子曰:"汉阳诸姬,楚实尽之。思小惠而忘大耻[14],不如战也。"晋侯梦与楚子搏,楚子伏己而盬(gǔ古)其脑,是以惧。子犯曰:"吉。我得天,楚伏其罪,吾且柔之矣[15]。"

子玉使斗勃请战,曰:"请与君之士戏,君冯(同'凭')轼而观之,得臣与寓目焉。"晋侯使栾枝对曰:"寡君闻命矣。楚君之惠,未之敢忘,是以在此。为大夫退,其敢当君乎[16]?既不获命矣,敢烦大夫谓二三子:'戒尔车乘,敬尔君事,诘朝将见。'"

晋车七百乘,韅(xiǎn显)、靷、鞅、靽[17]。晋侯登有莘之虚以观师,曰:"少长有礼,其可用也。"遂伐其木,以益其兵。

己巳,晋师陈于莘北,胥臣以下军之佐当陈、蔡。子玉以若敖之六卒将中军,曰:"今日必无晋矣。"子西将左,子上将右。胥臣蒙马以虎皮,先犯陈、蔡。陈、蔡奔,楚右师溃。狐毛设二旆(pèi 沛)而退之[18]。栾枝使舆曳柴而伪遁[19],楚师驰之,原轸、郤溱以中军公族横击之。狐毛、狐偃以上军夹攻子西,楚左师溃。楚师败绩。子玉收其卒而止,故不败。

晋师三日馆谷,及癸酉而还。甲午,至于衡雍,作王宫于践土。

乡役之三月,郑伯如楚致其师。为楚师既败而惧,使子人九行成于晋[20]。晋栾枝入盟郑伯。五月丙午,晋侯及郑伯盟于衡雍。

丁未,献楚俘于王,驷介百乘,徒兵千[21]。郑伯傅王,用平礼也。己酉,王享醴,命晋侯宥[22]。王命尹氏及王子虎、内史叔兴父策命晋侯为侯伯,赐之大辂之服、戎辂之服[23],彤弓一,彤矢百,玈(lú 卢)弓矢千,秬鬯(jù chàng 巨畅)一卣(yǒu 有),虎贲三百人,曰:"王谓叔父[24]:'敬服王命,以绥四国,纠逖王慝。'"晋侯三辞,从命,曰:"重耳敢再拜稽首,奉扬天子之丕显休命。"受策以出。出入三觐。

卫侯闻楚师败,惧,出奔楚,遂适陈,使元咺奉叔武以受盟。癸亥,王子虎盟诸侯于王庭,要言曰:"皆奖王室,无相害也。有渝此盟,明神殛之,俾队其师,无克祚国,及而玄孙,无有老幼。"君子谓是盟也信,谓晋于是役也,能以德攻。

初,楚子玉自为琼弁、玉缨,未之服也。先战,梦河神谓己曰:"畀余!余赐女孟诸之麋[25]。"弗致也。大心与子西使荣黄谏,弗听。荣季曰:"死而利国,犹或为之,况琼玉乎?是粪土也。而可以济师,将何爱焉?"弗听。出,告二子曰:"非神败令尹,令尹其不勤民,实自败也。"既败,王使谓之曰:"大夫若入,其若申、息之老何[26]?"子西、孙伯曰:"得臣将死。二臣止之,曰:'君其将以为戮[27]?'"及连谷而死。

晋侯闻之而后喜可知也,曰:"莫余毒也已。蒍吕臣实为令尹,奉己而已,不在民矣。"

注释

〔1〕门:城门。这里作动词用,即攻打城门。

〔2〕尸,陈尸示众。曹国人用陈尸城上的方法破坏晋军士气,所以晋军声称"舍于墓",表示要掘墓发尸,以牙还牙。

〔3〕僖负羁,事见本书《晋公子重耳之亡》。轩,大夫乘坐的车子。曹是小国,乘轩的竟有三百人,可见其政治的腐败。

〔4〕重耳出亡过曹,曹共公乘他洗澡时观看他的"骈胁"。"献状"表达了对曹共公无礼的报复。

〔5〕据《左传》僖公二十七年所记,晋文公的车右原来是魏犨。

〔6〕僖公二十七年冬天,楚军和陈、蔡等国的联军包围宋国。门尹,官名,所司职务不详。

〔7〕僖公二十六年,楚国攻齐,占取谷地,派申叔戍守。二十七年,楚成王领兵攻宋。楚成王回申地后,攻宋的军队改由子玉统率。子玉,名得臣,楚国的令尹。

〔8〕害:指晋惠公、怀公和吕、郤两家。

〔9〕楚国的部队建制有东广、西广。东宫,指太子的卫兵。子玉是若敖氏家族的成员,若敖之六卒是若敖氏的家兵。一卒为三十辆战车。

〔10〕释宋围有利晋文公,所以说"君取一";复卫侯、封曹,是子玉的功绩,所以说"臣取二"。

〔11〕老:部队久战衰疲,与下文的"壮"都是对士气的形象说法。

〔12〕这两句歌的意思是,丢开楚国过去的恩惠,情况变化了,要抓住时机。

〔13〕这两句意思说晋国有山河天险,楚军不可能攻入。

〔14〕晋国也是姬姓之国。同姓诸国被楚国一一吞并,这是"大耻"。

〔15〕晋文公仰面朝天,所以象征"得天";楚成王俯伏在晋文公身上,所以象征"伏罪";牙齿坚硬而脑子柔软,所以象征以柔克刚的"柔服"。

〔16〕这里照应晋文公在楚国说过的"辟君三舍"的话,参见《晋公子重耳之亡》。

〔17〕鞻、靮、鞅、靽,都是战马身上的装备,这里作动词用。

〔18〕旆,有飘带的旗帜。军队的前锋以车拥旆前导,所以前军也称旆。这次战役中狐毛率领上军,迎战楚国的左军。楚右军为胥臣击溃,必然四处奔逃,所以狐毛分出两队前锋击退乱兵。

〔19〕拖着枯树枝,尘土扬起,使敌人误以为败逃。《三国演义》中张飞在长坂坡也使用过这一计策伪装有伏兵。这是两国中军的交战。

〔20〕子人九:人名,是郑厉公兄弟的后代。

〔21〕向周天子献俘,表示忠于王室。驷介百乘,徒兵千,是押送战俘的晋军。

〔22〕周天子让诸侯给自己敬酒,对诸侯来说是一种礼遇。

〔23〕大辂,天子用的车,戎辂,战车。使用大辂、戎辂各有相应的服饰仪仗。

〔24〕周天子称同姓诸侯为伯父或叔父,称异姓诸侯为舅。

〔25〕孟诸属宋国。麇,同"湄"。孟诸之麇指宋国的土地。

〔26〕子玉所带的部队大多是申、息两地的子弟。这句话的意思类似项羽的"有何面目见江东父老",暗示子玉应该自杀。

〔27〕这是子西和子玉向使臣所说的话。意在缓解,希望楚成王改变主意。但楚成王没有改变,所以子玉在连谷自杀。

译文

晋文公领兵包围曹国,攻城,战死的人很多。曹军把晋军的尸体陈列在城上,晋文公很担心。听从了役卒的主意,声称"在墓地上宿营"。军队转移到那里。曹国人十分恐惧,把得到的晋军尸体装上棺材运出来。晋军乘曹军惊恐的时候攻城。三月丙午日,进入曹国国都,责备曹共公不任用僖负羁,大夫以上的高官却有三百人,并且说这回送上门来给你看了。下令不许进入僖负羁的家里,同时赦免他的族人,这是为了报答恩惠。魏犨、颠颉发怒,说:"不为有功劳的人考虑,还谈什么报答?"放火烧僖负羁家。魏犨胸部受伤,晋文公想杀掉他,但又爱惜他的才能。派人问候,同时观察病情。如果伤得厉害,就准备把他杀了。魏犨捆紧胸膛出见使者,说:"托君主的福,不是没事吗?"说完就向上跳好多次,向前跳好多次。晋文公于是就饶恕了他。杀了颠颉号令全军,立舟之侨作为车右。

宋国人派门尹般到晋军中求救。晋文公说:"宋国人来求救,丢下他们不管就断绝了交往,请求楚国解围又不会答应。我们想作战吧,齐国和秦国又不同意,怎么办?"先轸说:

"让宋国不要求我们转而给齐国、秦国送财礼,通过它们去请求楚国。我们囚禁曹国国君,把曹国、卫国的田地分给宋国人。楚国喜欢曹国、卫国,一定不答应齐国和秦国的请求。喜爱宋国的财礼,恼怒楚国的固执,他们能不参战吗?"晋文公很高兴,囚禁曹共公,把曹国和卫国的田地分给宋国人。

楚成王进入申邑住下,让申叔撤离谷地,让子玉撤离宋国,说:"不要和晋军交战。晋侯在外面十九年了,最终得到晋国。艰难困苦,全尝过了;民情真伪,都懂得了。上天给予他年寿,同时除去了他的祸害。上天所设置的,难道可以废除吗?兵书上说:'适可而止。'又说:'知难而退。'又说:'有德的人不能抵挡。'这三条记载,说的就是晋国了。"子玉派伯棼回申邑请求作战,说:"不敢说一定能成功,只是想以此塞住奸邪小人的嘴巴。"楚成王发怒,少给伯棼军队,只有西广、东宫和若敖的一百八十辆战车跟去增援。

子玉派宛春到晋军中转告说:"请恢复卫侯的君位,同时把土地退还曹国,下臣也解除对宋国的包围。"子犯说:"子玉无礼啊!君主取得一桩利益,臣下倒取得两桩利益。不能放过他了。"先轸说:"您答应他。安定别人叫做礼,楚国一句话能安定三国,我们一句话却使它们灭亡,我们就是无礼,凭什么来作战呢?不答应楚国的请求,这是抛弃宋国。救了它又抛弃它,准备向诸侯怎么交代?楚国有三项恩惠,我们有三项怨恨,怨恨仇敌已经那么多,准备凭什么作战呢?不如私下答应恢复曹国和卫国来离间他们,囚禁宛春来激怒楚国,等战争胜负决定后再考虑下一步做法。"晋侯很高兴。于是把宛春拘留在卫国,同时私下答应恢复曹、魏。曹、魏就和楚国宣布绝交。

　　子玉发怒,和晋军交战。晋军退走。军吏说:"以国君而躲避臣下,这是耻辱。而且楚军已经衰疲了,为什么退走?"狐偃说:"军队理直就是气壮,理曲就是气衰,哪里在于出兵时间的长久?没有楚国的恩惠我们到不了现在的地步,退九十里躲避他们,就是用来报答。背弃恩惠而说话不算话,还借此庇护楚国的仇敌,我们理曲而楚国理直,他们的士气又素来饱满,不能认为是衰疲。我们退走而楚军回去,我们还要求什么?如果他们不回去,国君退走,臣下进犯,他们就理曲了。"晋军退走九十里,楚军将士想就此罢休,子玉不同意。

　　夏季四月戊辰日,晋文公、宋成公、齐国的国归父、崔夭、秦国的小子慭驻扎在城濮。楚军背靠着郄地扎营,晋文公很担心。听到役卒念诵说:"休耕田里绿草油油,丢开熟地却对荒地犁锄。"晋文公很疑虑。狐偃说:"出战吧!一战而胜,必定得到诸侯拥护;如果不胜,我国有高山大河作屏障,肯定没有害处。"晋文公说:"对楚国的恩惠怎么办?"栾枝说:"汉水以北的姬姓诸国,楚国已经把它们吞并完了。想着小的恩惠而忘记大的耻辱,不如出战。"晋文公梦见和楚成王搏斗,楚成王伏在自己身上咀嚼自己的脑子,因此害怕。狐偃说:"吉利。我们得到天助,楚国伏罪,而且我们已经柔服他们了。"

子玉派遣斗勃请战,说:"请和君主的战士角力气,君主靠在车前横板上观看,得臣也一起饱饱眼福。"晋文公派栾枝回答说:"寡君听到命令了。楚国君主的恩惠,没有敢忘记,所以(退避九十里而)在这里。为大夫而退兵了,还敢抵挡国君吗?既然得不到宽大,就麻烦大夫对诸位将领说:'备好你们的战车,忠于你们的国事,明天早晨将要见面。'"

晋国战车七百辆,战马装备齐全。晋文公登上莘国的废墟观看军容,说:"年少的和年长的(排列有序)合于礼仪,可以使用了。"于是命令砍伐废墟上的树木,用来增加装备。

己巳日,晋军在莘北摆开阵势,胥臣率领下军的侧翼抵挡陈军、蔡军。子玉率领若敖的一百八十辆战车统帅中军,说:"今天一定没有晋国了。"子西为左军主将,子上为右军主将。胥臣把马蒙上老虎皮,先攻陈、蔡两军。陈、蔡两军奔逃,楚国的右军溃散。狐毛分出两队前锋击退楚国乱兵。栾枝让车子拖着枯树枝伪装败逃,楚军追击,先轸、郤溱率领中军的禁卫军拦腰攻击。狐毛、狐偃率领上军夹攻子西,楚国的左军溃散。楚军大败。子玉约束中军停止不进,所以没有被击败。

晋军驻在楚军营地吃楚军的粮食,前后三天,到癸酉日起程回国。甲午日,到达郑地衡雍,为周天子在践土建造一座王宫。

这一战役的前三个月,郑伯到楚国带去郑国援楚的部队。由于楚军已经失败而害怕,派遣子人九向晋国求和。晋国的栾枝进入郑国和郑文公订立盟约。五月丙午日,晋文公和郑文公在衡雍结盟。

丁未日,把楚国俘虏献给周天子,四匹披甲的马驾的战车一百辆,步兵一千人。郑文公作为相礼,用的是周平王(接见晋文侯)的礼节。己酉日,周天子用甜酒宴请晋文公,又让他劝酒助欢。周天子命令尹氏和王子虎、内史叔兴用策书任命晋文公为诸侯领袖,赐给他大辂、戎辂和相应的服饰仪仗,红色的弓一把,红色的箭一百枝,黑色的弓(十把),箭一千枝,黑黍加香草酿造的酒一卣,勇士三百人,说:"天子对叔父说:'恭敬地服从天子的命令,以安抚四方诸侯,为天子惩治邪恶。'"晋文公三次辞谢,然后接受命令,说:"重耳谨再拜叩头,接受和宣扬天子的重大赐命。"接受策书离开成周。从进入成周到离开,朝觐三次。

卫成公听说楚国兵败,害怕,逃亡到楚国,又到了陈国,派遣元咺随从叔武去接受盟约。癸亥日,王子虎和诸侯在践土宫廷结盟,约定说:"全都辅助王室,不要互相伤害。有人违背盟约,神灵就要诛杀,使你军队颠覆,不能享有国家,直到你的玄孙,不论老老小小。"君子认为这次结盟是有诚意的,认为晋国在这次战役中,能用道德来进攻。

起初,楚国的子玉自己制作了镶玉的马冠、马缨,还没有使用。作战之前,梦见河神对他说:"送给我!我赐给你孟诸水滨的土地。"子玉没有送去。大心和子西让荣黄去劝谏,子玉不肯听从。荣黄说:"死而有利于国家,还应该去死,何况只是送去美玉,这不过是粪土而已。如果可以使军队成功,有什么可爱惜的?"子玉仍然不肯。荣黄出来,告诉大心、子西说:"不是神灵让令尹失败,令尹不尽心于百姓,实在是自己让自己失败啊。"兵败以后,楚成王派人对他说:"大夫如果回来,让申、息两地的父老怎么办呢?"子西、大心说:"子玉打算自杀。我们两个人阻止他,说:'(不要自杀),国君还准备依法惩处你呢!'"到达连谷子玉就自杀了。

晋侯听到这件事以后喜形于色,说:"没有人来害我了。芍吕臣做了楚国令尹,不过是奉养自己而已,不为百姓考虑了。"

烛之武退秦师(僖公三十年)

春秋各国之间矛盾交织。秦国本来协助晋国攻打郑国,而烛之武的说辞,紧紧抓住灭亡郑国有利于晋国而不利于秦国,离间秦、晋的关系,使秦穆公改变了主意。他雄辩的逻辑和气势,已经和战国策士的游说之辞颇相类似。晋文公不肯进击秦军,也是出于战略利益的考虑,不过见之于辞令,就涂上了一层堂皇的道义油彩。

九月甲午,晋侯、秦伯围郑,以其无礼于晋,且贰于楚也[1]。晋军函陵,秦军氾南[2]。

佚之狐言于郑伯曰:"国危矣,若使烛之武见秦君,师必退。"公从之。辞曰:"臣之壮也,犹不如人;今老矣,无能为也已。"公曰:"吾不能早用子,今急而求子,是寡人之过也。然郑亡,子亦有不利焉。"许之。夜缒而出。见秦伯曰:"秦、晋围郑,郑既知亡矣。若亡郑而有益于君,敢以烦执事[3]。越国以鄙远[4],君知其难也,焉用亡郑以陪邻[5]?邻之厚,君之薄也。若舍郑以为东道主,行李之往来,共(同'供')其乏困,君亦无所害。且君尝为晋君赐矣,许君焦、瑕,朝济而夕设版焉[6],君之所知也。夫晋何厌之有？既东封郑,又欲肆其西封。若不阙秦,将焉取之？阙秦以利晋,惟君图之。"秦伯说(同"悦"),与郑人盟,使杞子、逢孙、杨孙戍之,乃还。

子犯请击之。公曰："不可。微夫人之力不及此。因人之力而敝之,不仁；失其所与,不知；以乱易整[7],不武。吾其还也。"亦去之。

注释

〔1〕重耳流亡过郑,郑文公不加礼遇,见本书《晋公子重耳之亡》。城濮之战前,郑文公又领兵企图支援楚国,见本书《晋楚城濮之战》。

〔2〕氾:水名,原在今河南中牟县境,已干涸。

〔3〕执事:办事的官员。这里代指秦穆公,表示尊敬。

〔4〕鄙:边境、边邑。这里是动词的使动用法。

〔5〕晋国和郑国相邻。

〔6〕僖公十五年,晋惠公为了请求秦国支持他回国即位,答应给秦国五座城邑,回国后旋即反悔。焦、瑕当是五城中的二城。又,先秦时代夯土筑墙,用两版相夹,称为版筑。

〔7〕乱,指攻打秦军；整,指同盟国家之间的步调一致。

译文

九月甲午日,晋文公、秦穆公包围郑国,因为它对晋国无礼,而且私下和楚国勾结。晋军驻扎在函陵,秦军驻扎在氾南。

佚之狐对郑文公说："国家危险了。如果派烛之武去见秦君,军队一定退走。"郑文公听从了他的话。烛之武推辞说:"下臣年壮的时候,尚且不如别人;现在老了,无能为力了。"郑文公说:"我没有能及早任用您,现在形势危急而来求您,这是寡人的过错。然而郑国灭亡,您也有不利啊。"烛之武答应了。夜里用绳子从城上吊下来。进见秦穆公,说:"秦、晋两国包围郑国,郑国已经知道要灭亡了。如果灭亡郑国而对秦国有好处,哪还敢劳动您的部下?越过别国而把远方的土地作为边疆,君王知道是不容易的,为什么要灭亡郑国来为邻国增加土地?邻国的加强,就是君主的削弱。如果赦免郑国让它做东路上的主人,使者往来,供应他所缺少的,对君主也没有害处。而且君主曾经把好处赐给晋国了,他们答应给君王焦、瑕两地,早晨渡河回国,晚上就设版筑城,这是君王所知道的。晋国哪里能够满足?已经在东边向郑国开拓疆界,又会肆意向西边开拓。不损害秦国,到哪里去取得土地?损害秦国来使晋国得利,就请君主考虑了。"秦伯很高兴,和郑国人结盟,派杞子、逢孙、杨孙在郑国戍守,就撤军回国。

狐偃请求进击秦军。晋文公说:"不行。如果没有他们的力量我到不了今天。靠了别人的力量而去败坏他,这是不仁;失掉同盟国家,这是不智;用动乱代替完整一致,这是不武。我还是回去吧!"也就撤军回国。

秦、晋殽之战（僖公三十二、三十三年）

历来都称赞殽之战写得精彩动人，然而读完以后，才发现作者写这次战役本身仅仅用了一句话。读者看到的是四个小故事，它们互相关联，构成一个有机体。蹇叔哭师表现了老成人的预见；王孙满观秦师说明骄兵必败；弦高犒师赞扬弦高的爱国和机智，又照应蹇叔所说的"且行千里，其谁不知"；文嬴请释三帅是战争的余波。晋襄公屈从于母亲的请求，轻易丧失胜利成果，导致晋国内部主帅离心，并影响了今后二十年中秦、晋之间的一系列战争。

冬，晋文公卒。庚辰，将殡于曲沃[1]。出绛，柩有声如牛。卜偃使大夫拜，曰："君命大事：将有西师过轶我，击之，必大捷焉。"

杞子自郑使告于秦曰："郑人使我掌其北门之管，若潜师以来，国可得也[2]。"穆公访诸蹇（jiǎn 简）叔[3]。蹇叔曰："劳师以袭远，非所闻也。师劳力竭，远主备之，无乃不可乎？师之所为，郑必知之。勤而无所，必有悖心。且行千里，其谁不知？"公辞焉。召孟明、西乞、白乙[4]，使出师于东门之外。

蹇叔哭之，曰："孟子！吾见师之出而不见其入也！"公使谓之曰："尔何知？中寿[5]，尔墓之木拱矣。"蹇叔之子与师，哭而送之，曰："晋人御师必于殽[6]，殽有二陵焉。其南陵，夏后皋之墓也；其北陵，文王之所辟（同'避'）风雨也。必死是间，余收尔骨焉！"秦师遂东。

三十三年春，秦师过周北门，左右免胄而下[7]，超乘者三百乘[8]。王孙满尚幼，观之，言于王曰："秦师轻而无礼，必败。轻则寡谋，无礼则脱。入险而脱，又不能谋，能无败乎？"

及滑，郑商人弦高将市于周，遇之，以乘韦先[9]，牛十二犒师，曰："寡君闻吾子将步师出于敝邑，敢犒从者。不腆敝邑，为从者之淹，居则具一日之积，行则备一夕之卫[10]。"且使遽告于郑。

郑穆公使视客馆，则束载、厉兵、秣马矣。使皇武子辞焉，曰："吾子淹久于敝邑，唯是脯资、饩（xì 戏）牵竭矣，为吾子之将行也，郑之有原圃，犹秦之有具囿也，吾子取其麋鹿，以间敝邑，若何？"[11]杞子奔齐，逢孙、杨孙奔宋。

孟明曰："郑有备矣，不可冀也。攻之不克，围之不继，吾其还也。"灭滑而还。

晋原轸曰："秦违蹇叔，而以贪勤民，天奉我也。奉不可失，敌不可纵。纵敌，患生；违天，不祥。必伐秦师。"栾枝曰："未报秦施，而伐其师，其为死君乎[12]？"先轸曰："秦不哀吾丧,而伐吾同姓,秦则无礼,何施之为? 吾闻之:'一日纵敌,数世之患也。'谋及子孙,可谓死君乎!"遂发命,遽兴姜戎。子墨衰绖(cuī dié 崔迭)[13],梁弘御戎,莱驹为右。

夏四月辛巳,败秦师于殽,获百里孟明视、西乞术、白乙丙以归。遂墨以葬文公。晋于是始墨。

文嬴请三帅[14],曰:"彼实构吾二君,寡君若得而食之,不厌,君何辱讨焉? 使归就戮于秦,以逞寡君之志,若何?"公许之。先轸朝,问秦囚。公曰:"夫人请之,吾舍之矣。"先轸怒,曰:"武夫力而拘诸原,妇人暂而免诸国,堕军实而长寇仇,亡无日矣!"不顾而唾[15]。公使阳处父追之,及诸河,则在舟中矣。释左骖,以公命赠孟明[16]。孟明稽首曰:"君之惠,不以累臣衅鼓,使归就戮于秦。寡君之以为戮,死且不朽;若从君惠而免之,三年将拜君赐[17]。"

秦伯素服郊次,乡师而哭,曰:"孤违蹇叔,以辱二三子,孤之罪也。"不替孟明,曰:"孤之过也,大夫何罪? 且吾不以一眚(shěng 省)掩大德。"[18]

注释

〔1〕曲沃:晋国的故都,在今山西闻喜县。下一句中的"绛"是晋国国都,在今山西翼城县。

〔2〕僖公三十一年,秦、晋攻郑。秦穆公从烛之武之说退兵,留下杞子等人在郑国戍守。

〔3〕蹇叔:秦穆公时老臣。

〔4〕孟明,秦国名臣百里奚之子,名视,字孟明。西乞,名术。白乙,

名丙。这三个人即后文提到的"三帅"。

〔5〕中寿:中等寿命,有八十岁、七十岁等不同说法。这两句的意思是骂蹇叔老而不死。

〔6〕殽:晋国南部山名,在今河南洛宁、渑池、三门峡市陕州区之间,山道极窄,地势险要,是秦国到郑国的必经之路。

〔7〕免胄而下:脱去头盔下车,表示向周天子致敬。

〔8〕超乘:跳上车子。这两句说秦军刚下车就上车,可见其轻狂无礼。

〔9〕古代送礼,有的要送两次,第一次轻而第二次重。第一次送礼就叫"先"。一乘战车要配四匹马,所以也用"乘"来代表"四"。

〔10〕弦高冒充郑国使者犒劳秦军,这一段话就是模拟使者的口吻。

〔11〕原圃是郑国射猎的地方。这几句是外交辞令,表面上说你们可以在原圃射猎,实际上是表示已经了解你们的意图,请你们回国去吧!

〔12〕为:这里作"有"字解。

〔13〕子:即晋襄公驩。当时尚未即位,所以称"子"。丧服为白色,对战争不吉利,因而染黑。

〔14〕文嬴:晋文公夫人,秦穆公之女,晋襄公的嫡母。

〔15〕古人不能在尊长面前吐痰吐唾沫,先轸的情状是在盛怒之下的严重失态。

〔16〕驾车的马,中间两匹叫服马,左右两匹叫骖马。阳处父想以此骗孟明等上岸。

〔17〕意思自然是要报仇雪耻。果然不到三年,即文公二年,孟明视又领兵攻晋,但再一次失败。晋国人因而讥嘲他们是"拜赐之师"。

〔18〕《尚书》中有《秦誓》篇,据《书序》说,就是秦穆公在殽之战失败后当众所作的自我批评。

译文

冬季,晋文公死。庚辰日,准备把棺材送到曲沃停放。走出绛城,棺材里有声音像牛鸣。卜偃让大夫下拜,说:"国君发布军事命令,说将要有西边的军队越过我国,如果攻击他们,必定大获全胜。"

杞子从郑国派人到秦国报告说:"郑国人让我掌管他们北门的钥匙,如果偷偷地发兵前来,国都是可以拿下来的。"秦穆公向蹇叔询问。蹇叔说:"使军队疲劳而去袭击远方,我没有听说过。军队疲劳力量衰竭,远方的主人有防备,恐怕不行吧!军队的行动,郑国一定知道。费了力气而没有着落,一定有抵触情绪。而且军行一千里,谁能不知道?"秦穆公拒绝不听。召见孟明、西乞、白乙,让他们在东门外出兵。蹇叔为此而痛哭,说:"孟子,我见到军队出去可是见不到回来了!"秦穆公派人对他说:"你知道什么?你要是七十岁就死了,坟上的树木已经合抱了。"蹇叔的儿子随军出征,蹇叔哭着送他,说:"晋国人一定在殽山抵御我军,殽山有两座山陵。它的南陵,是夏后皋的坟墓;它的北陵,文王曾在那里避过风雨。你一定死在两山之间,我去收你的尸骨吧!"秦军就出发东进了。

僖公三十三年春季,秦军经过成周北门,车左、车右脱去头盔下车,随即一跃登车有三百辆战车的士兵。王孙满年纪还小,看着这种情况,对周天子说:"秦国军队轻狂而无礼,一定失败。轻狂就缺少计谋，无礼就满不在乎。进入险地而满不在乎，又不能用计谋，能不打败仗吗？"

到达滑国，郑国的商人弦高准备到成周去做买卖，碰到秦军，就先送去四张熟牛皮，再送去十二头牛犒劳军队，说："寡君听说您率领军队经过敝邑，谨来犒赏您的随从。敝邑贫乏，为了您的随从在这里停留，住下就预备一天的供应，离开就准备一夜的保卫。"同时又派人乘邮车向郑国紧急报告。

郑穆公派人去探看宾馆，（杞子他们已经）装束完毕、磨利武器、喂饱马匹了。派皇武子辞谢他们，说："您诸位在敝邑住久了，这里的干肉、粮食、牲口都竭尽了。为了您诸位快要离开，郑国的原圃，如同秦国的具圃，您诸位猎取那里的麋鹿，让敝邑休养生息，怎么样？"杞子逃到齐国，逢孙、杨孙逃到宋国。

孟明说："郑国有准备了，不能指望了。攻打它不能取胜，包围它没有后援，我还是回去吧！"灭亡了滑国然后回去。

晋国的先轸说："秦国违背蹇叔的话，由于贪婪而劳动百姓，这是上天赐予我们。赐予不能错过，敌人不能放走。放走敌人，祸患发生；违背天意，就不吉利。必定要向秦国进攻。"栾枝说："没有报答秦国的恩惠，却向秦军进攻，心目中还有死去的君主吗？"先轸说："秦国不同情我国有丧事，反而攻打我们的同姓国家，他们就是无礼，还讲什么恩惠？我听说过：'一天放走敌人，是几辈子的祸患。'考虑到子孙后代,对死去的国君就有话可说了吧!"于是就发布命令,紧急动员姜戎的军队。太子把丧服染成黑色,梁弘为战车的御者,莱驹为车右。

夏季四月辛巳日,在殽山击败秦军,俘虏了百里孟明视、西乞术、白乙丙而回去。于是就穿着黑色丧服安葬晋文公。晋国从此开始使用黑色丧服。

文嬴为三位主将请求,说:"他们挑拨我们两国国君的关系,寡君如果能抓到了吃他们的肉,还不会满足,何必劳君主的驾去讨伐呢?让他们回去在秦国受诛杀,以便满足寡君的意愿,怎么样?"晋襄公答应了。先轸朝见,问起秦国俘虏。晋襄公说:"夫人为他们请求,我把他们放了。"先轸发怒说:"武人出力在战场上逮住他们,女人几句话就在国都中把他们放了,毁伤战果而长敌人志气,离亡国没有几天了!"不回头就往地上吐唾沫。晋襄公派阳处父追赶三人,赶到黄河边,他们已经在船上了。阳处父解下左边的骖马,用晋襄公的名义赠给孟明。孟明叩头说:"君主加恩,不把被囚之臣的血涂在鼓上,而让我们回去在秦国受诛戮。寡君如果杀了我们,死而不朽;如果托君主的福而赦免我们,到三年将要拜谢君主的恩赐。"

秦穆公穿着素服住在郊外,对着将士号哭,说:"孤违背蹇叔的话,使诸位受到耻辱,这是孤的罪过。"不撤换孟明,说:"这是孤的过错,大夫有什么罪?而且孤不能用一次过错掩盖重大的功德。"

楚太子商臣享江芈（文公元年）

春秋之世，"弑君三十六"，儿子杀老子的事并不少见。这段故事描写两个搞阴谋的人设计一个圈套，果然毫不费力，那个浅薄而傲慢的女人立刻中计上当。至于楚成王死而其目不瞑，东汉的桓谭认为是自缢身死后的生理现象。这样的解释固然合于科学，但并不合《左传》的原意。这段故事又见于《韩非子·内储说下》。

初，楚子将以商臣为大子，访诸令尹子上。子上曰："君之齿未也，而又多爱，黜乃乱也。楚国之举，恒在少者。且是人也，蜂目而豺声，忍人也，不可立也。"弗听。既，又欲立王子职，而黜大子商臣。商臣闻之而未察，告其师潘崇曰："若之何而察之？"潘崇曰："享江芈（mǐ 米）而勿敬也。"[1]从之。江芈怒曰："呼！役夫[2]！宜君王之欲杀女而立职也。"告潘崇曰："信矣。"潘崇曰："能事诸乎？"曰："不能。""能行乎？"曰："不能。""能行大事乎[3]？"曰："能。"

冬十月，以宫甲围成王。王请食熊蹯（fán 凡）而死[4]，弗听。丁未，王缢。谥之曰"灵"，不瞑[5]；曰"成"，乃瞑。

穆王立,以其为大子之室与潘崇,使为大师,且掌环列之尹[6]。

注释

〔1〕江芈:楚成王妹。《史记·楚世家》以为是楚成王的宠姬,但据《左传》中妇女命名的惯例看,江芈应当是芈姓出嫁于江国的女子。芈,楚国的族姓。

〔2〕役夫:仆役,泛指"下等人"。

〔3〕大事:祭祀或战争。此处指后者,即用武力发动宫廷政变。

〔4〕据旧注,熊掌不易煮熟,楚成王想借此拖延时间,希望得到外援。

〔5〕据《逸周书·谥法》,"乱而不损"或"不勤成名"称为"灵",是一种带有很大贬义的谥号。

〔6〕室:房屋,同时包括房屋中的财物和男女奴仆。

译文

起初,楚成王准备立商臣为太子,征询令尹子上的意见。子上说:"君主的年岁还不大,而且内宠又多,立了商臣,如果废黜就会招致祸乱。楚国立太子,常常选择年轻的。而且这个人,眼睛像胡蜂而声音像豺狼,是个残忍的人,不能立为太子。"楚成王不同意。事后,又想要立王子职,而废黜太子商臣。商臣听到这一消息但没有弄清楚,就告诉他的老师潘崇说:"怎么样才能弄清楚?"潘崇说:"设宴招待江芈而又对她表示不敬。"商臣听从照办。江芈发怒说:"嚯!贱骨头!怪不得君主要杀掉你而立职做太子了。"商臣告诉潘崇说:"事情确实了。"潘崇说:"你能事奉公子职吗?"说:"不能。""能逃亡出国吗?"说:"不能。""能办大事情吗?"说:"能。"

冬季十月,商臣率领宫中的甲士包围成王。成王请求吃了熊掌以后才死,商臣不答应。丁未日,成王自缢。谥为"灵",尸体的眼睛不闭;谥为"成",眼睛才闭上。

穆王即位,把他做太子时的房屋财物赐给潘崇,让他当太师,而且作为掌管宫中警卫军的长官。

郑败宋师获华元(宣公二年)

在这一段故事里,作者表现了鲜明的爱憎。他嘲笑狂狡救敌被俘,斥责羊斟以私废公,赞赏华元气量宽厚。有的评论者以为筑城者的歌唱反映作者在讽刺华元,不免失之偏颇。华元并不是怯懦的人,宣公十五年楚国攻宋,华元深夜只身进入楚营,劫持楚军主将子反,订立盟约,挽救了宋国,可见他的勇敢和才能。

二年春,郑公子归生受命于楚伐宋。宋华元、乐吕御之。二月壬子,战于大棘。宋师败绩。囚华元,获乐吕及甲车四百六十乘[1],俘二百五十人,馘(guó 国)百[2]。

狂狡辂郑人,郑人入于井。倒戟而出之,获狂狡。君子曰:"失礼违命,宜其为禽也。戎,昭果毅以听之之谓礼。杀敌为果,致果为毅。易之,戮也。"

将战,华元杀羊食(sì 四)士,其御羊斟不与。及战,曰:"畴昔之羊,子为政;今日之事,我为政。"与入郑师,故败。君子谓羊斟"非人也,以其私憾,败国殄民,于是刑孰大焉?《诗》所谓'人之无良'者,其羊斟之谓乎!残民以逞"。

宋人以兵车百乘、文马百驷以赎华元于郑。半入,华元逃归。立于门外,告而入[3]。见叔牂(zāng 臧)[4],曰:"子之马然也?"对曰:"非马也,其人也。"[5]既合而来奔。

宋城,华元为植,巡功。城者讴曰:"睅其目,皤其腹,弃甲而复。于思(sāi 腮)于思,弃甲复来。"使其骖乘谓之曰:"牛则有皮,犀兕(sì 四)尚多[6],弃甲则那?"役人曰:"从其有皮,丹漆若何[7]?"华元曰:"去之!夫其口众我寡。"

注释

[1] 获:生擒敌人或获得敌人尸体都可称获。这里两句分用"囚""获",则当指死获。

[2] 馘,杀死敌人以后割下一只耳朵,用来作计功受赏的依据。

[3] 表示郑重不苟。

[4] 叔牂:羊斟的字。一说并非羊斟,是宋国的守城大夫。

[5] "曰"和"对曰"的主语到底是谁,注家的说法很不一致,有叔牂、华元,羊斟、华元,华元、羊斟三说,都有一定理由。译文取第三说,理解为华元不计前仇,给羊斟以和解的台阶,但羊斟却不愿和解。

[6] 兕:野牛。一说为雌性的犀牛。

[7] 皮甲上要涂以红色的漆。犀兕之皮和丹漆都比较难得。

译文

宣公二年春季,郑国的公子归生接受楚国的命令攻打宋国。宋国的华元、乐吕领兵抵御。二月壬子日,在大棘作战。宋军大败。郑国人囚禁华元,得到乐吕的尸首和战车四百六十辆,俘虏二百五十人,割下敌人尸体的耳朵一百只。

狂狡迎战郑国人,郑国人掉到井里。狂狡把戟柄放下井去把他拉出来,(那个人出井以后反而)俘虏了狂狡。君子说:"丢掉礼法违背命令,他被俘就是活该了。战争,发扬果敢刚强用来服从命令叫做礼。杀死敌人就是果敢,能够果敢杀敌就是刚强。如果反过来,就要被诛戮。"

战争之前,华元宰羊犒赏士卒,他的御者羊斟没有吃上。等到仗打起来,羊斟说:"前天的羊,是您作主;今天的事,是我作主。"驱车进入郑军之中,所以战败。君子认为羊斟"不是人,由于他的私仇,使国家战败百姓受害,还有比这个更应当受重刑的吗?《诗》所谓'人中间的败类',说的就是羊斟吧!残害百姓以使自己快意"。

宋国人用兵车一百辆、毛色漂亮的马四百匹向郑国赎取华元。才送去一半,华元就逃回来了。站在城门外,报告守城人后才进城。见到羊斟,说:"您的马(不受驾驭)才这样的吧?"羊斟回答说:"不是马,是人的原因。"回答后就逃到鲁国来。

宋国筑城,华元作为总管,巡视工程。筑城的人唱道:"挺着肚子瞪着眼,丢了皮甲往回转。连鬓胡子长满腮,丢了皮甲又回来。"华元让车上的随从对他们说:"有牛就有皮,犀兕多的是,丢了皮甲又有什么了不起?"做工的人说:"即使有牛皮,又上哪里找红漆?"华元说:"走开吧!他们人多嘴多,我们人少嘴少。"

79

晋灵公不君(宣公二年)

《左传》记载各大国中的家族斗争,以晋国最为激烈。赵氏家族从赵盾开始兴起,历经盛衰,终于和韩、魏三家分晋,各自建立侯国。由晋灵公无道所引起的动乱,直接导致了"赵氏孤儿"事件。

这段故事,《公羊传》的记载更为详细,可以参看。其中鉏麑临死前的独白,许多评论家都曾加以非难,认为不可能有人听到,因此有背真实。其实《左传》中类似的情况不止一处两处,这是早期史书中不可避免的现象。

晋灵公不君。厚敛以雕墙,从台上弹人而观其辟丸也。宰夫胹(ér 而)熊蹯(fán 凡)不熟,杀之,置诸畚(běn 本),使妇人载以过朝。赵盾、士季见其手[1],问其故而患之。将谏,士季曰:"谏而不入,则莫之继也。会请先,不入,则子继之。"三进,及溜,而后视之[2],曰:"吾知所过矣,将改之。"稽首而对曰:"人谁无过,过而能改,善莫大焉。《诗》曰:'靡不有初,鲜克有终[3]。'夫如是,则能补过者鲜矣。君能有终,则社稷之固也,岂惟群臣赖之。又曰:'衮职有阙,惟仲山甫补之[4],。能补过也。君能补过,衮不废矣。"

犹不改。宣子骤谏,公患之,使鉏麑(chú mí 锄迷)贼之。晨往,寝门辟矣,盛服将朝。尚早,坐而假寐。麑退,叹而言曰:"不忘恭敬,民之主也。贼民之主,不忠;弃君之命,不信。有一于此,不如死也。"触槐而死。

秋九月,晋侯饮赵盾酒,伏甲,将攻之。其右提弥明知之,趋登,曰:"臣侍君宴,过三爵,非礼也。"遂扶以下。公嗾(sǒu 叟)夫獒焉[5],明搏而杀之。盾曰:"弃人用犬,虽猛何为!"斗且出。提弥明死之。

初,宣子田于首山,舍于翳桑,见灵辄饿,问其病。曰:"不食三日矣。"食之,舍其半。问之。曰:"宦三年矣,未知母之存否,今近焉,请以遗之。"使尽之,而为之箪食与肉,置诸橐(tuó 驼)以与之。既而与为公介,倒戟以御公徒而免之。问何故。对曰:"翳桑之饿人也。"问其名居,不告而退。遂自亡也[6]。

乙丑,赵穿杀灵公于桃园。宣子未出山而复[7]。太史书曰[8]:"赵盾弑其君。"以示于朝。宣子曰:"不然。"对曰:"子为正卿,亡不越竟,反不讨贼,非子而谁?"宣子曰:"呜呼!《诗》曰:'我之怀矣,自诒伊戚。'[9]其我之谓矣。"孔子曰:"董狐,古之良史也,书法不隐[10]。赵宣子,古之良大夫也,为法受恶。惜也,越竟乃免。"

宣子使赵穿逆公子黑臀于周而立之。壬申,朝于武宫[11]。

注释

〔1〕赵盾,赵衰之子,也称赵宣子,晋国的卿。士季,名会,封于随,也称随会,晋国大夫。

〔2〕按当时礼制,朝见国君,从进门到登堂分成三段走,每段行礼一次,称为进。国君在臣下一进以后就要起立准备接见。这里说晋灵公不愿接见士会,士会三进到达屋檐下,才勉强表示见到了他。

〔3〕见《大雅·荡》。

〔4〕见《大雅·烝民》。衮,礼服,代表君主。

〔5〕獒:身长四尺的大狗。

〔6〕"自亡"的主语,多数注家以为是灵辄。但从下文紧接"宣子未出山而复",作赵盾似更顺理成章。据王引之《经义述闻》说。

〔7〕"山"指晋国边境的山,具体的山名已难确考。

〔8〕太史:记载历史和管理典籍、祭祀、历法等的官员。据下文及《史记·晋世家》,这位太史就是董狐。

〔9〕见《邶风·雄雉》,但"戚"字作"阻"。

〔10〕书法:史官记载和评论史实的原则、体例。

〔11〕武宫:晋国祖先曲沃武公的庙宇,新君即位,就要到这里朝拜祭祀。

译文

晋灵公不像个国君。加重征收赋税用来彩画墙壁,从高台上用弹弓打人而观看他们躲避弹丸。厨师烧熊掌不熟,就把他杀了,放在簸箕里,让女人抬着走过朝堂。赵盾、士会看到死尸的手,询问被杀的缘故并感到担心。准备进谏,士会说:"一起进谏,如果君主不听,别人就不能接着进谏了。会请求先去,不听,您就接着进谏。"士会前进三次,到达屋檐下,晋灵公才转眼看他,说:"我知道错在哪里了,会改正的。"士会叩头回答说:"人谁能没有过错?有了过错能够改正,就没有比这再好的事情了。《诗》说:'事情无不有个开头,却很少能坚持到最后。'如果这样,能弥补过错的人就很少了。君主能坚持到最后,那就是国家的保障了,难道仅仅是臣下依靠它?又说:'君主的职责有了缺失,仲山甫把它弥补。'这说的是能够弥补过错。君主能够弥补过错,职责就不会废弃了。"

晋灵公还是没有改正。赵盾屡次进谏,晋灵公很讨厌,派钼麑去刺杀他。一清早去,卧室的门已经开了,赵盾穿得整整齐齐准备上朝。时间还早,坐着打瞌睡。钼麑退出来,叹着气说:"不忘记恭敬,真是百姓的主宰。刺杀百姓的主宰,这是不忠;丢掉国君的命令,这是不信。在这里二者必居其一,不如死了好。"一头撞在槐树上死了。

秋季九月,晋灵公请赵盾喝酒,埋伏下甲士,准备攻杀赵盾。赵盾的车右提弥明察觉了,快步上堂,说:"臣下侍奉国君喝酒,超过三杯,就不合礼仪了。"于是就搀扶赵盾下殿。晋灵公嗾使猛狗扑咬赵盾,提弥明上前搏斗并且杀死了它。赵盾说:"不用人使用狗,虽然凶猛又有什么用!"边斗边退出去。提弥明格斗而死。

起初,赵盾在首山打猎,住在翳桑,看见灵辄饿得厉害,问他为什么。灵辄说:"不吃东西已经三天了。"赵盾给他东

83

西吃,他留下一半。问他原因,他说:"出外游学已经三年了,不知道母亲还在不在,现在快到家了,请让我把这些食物留给她。"赵盾让他吃完,并且给他准备了一筐饭和肉,放在袋子里给他。后来灵辄做了晋灵公的甲士,倒转戟尖抵御禁卫军使赵盾免于被害。赵盾问他为什么这样做,回答说:"我就是翳桑那个挨饿的人。"问他姓名住处,他不回答而告退。赵盾就自己逃亡了。

乙丑日,赵穿在桃园杀了晋灵公。赵盾没有走出国境就回来重居卿位。太史记载说:"赵盾弑其君。"在朝廷上公开宣布。赵盾说:"不是这样。"回答说:"您做了正卿,逃亡不出国境,回来不惩罚凶手,(弑君的人)不是您还是谁?"赵盾说:"哎呀!《诗》说:'因为我的怀恋,给自己带来忧伤。'恐怕说的就是我吧!"孔子说:"董狐,是古代的好史官。记录史实不加隐讳。赵宣子,是古代的好大夫,为了法度而蒙受恶名。可惜啊,走出国境就可以免于弑君之名了。"

赵盾派赵穿在成周迎接公子黑臀而立他为国君。壬申日,公子黑臀到武宫朝祭。

王孙满对楚子(宣公三年)

春秋诸侯国中,楚国自称为王,表示不受周天子的管辖。楚庄王在成周问鼎的大小轻重,用意自是取周而代之。王孙满用"王命"和"德"作为答复,反映了周王朝的没落,但却由此形成了两千多年来儒家"君权论"中的重要理论依据。

楚子伐陆浑之戎[1],遂至于雒,观兵于周疆。定王使王孙满劳楚子。楚子问鼎之大小、轻重焉[2]。对曰:"在德不在鼎。昔夏之方有德也,远方图物,贡金九牧,铸鼎象物,百物而为之备,使民知神奸。故民入川泽、山林,不逢不若。螭魅罔两[3],莫能逢之。用能协于上下,以承天休。桀有昏德,鼎迁于商,载祀六百。商纣暴虐,鼎迁于周。德之休明,虽小,重也;其奸回昏乱,虽大,轻也。天祚明德,有所厎止。成王定鼎于郏鄏[4],卜世三十,卜年七百,天所命也。周德虽衰,天命未改。鼎之轻重,未可问也。"

注释

〔1〕戎,西北地区的少数民族。陆浑之戎原来居住在敦煌一带,后来迁居河南洛水两岸。

〔2〕鼎:传说夏代铸有九个大鼎,代代相传,古人视之为王权的象征。

〔3〕螭魅罔两:山林川泽中的鬼神。

〔4〕郏鄏:即雒邑,在今河南洛阳市。

译文

楚庄王攻打陆浑的戎族,因此就到达雒水,在周朝境内阅兵示威。周定王派王孙满慰劳楚庄王。楚庄王询问鼎的大小和轻重。王孙满回答说:"(大小轻重)在于德行而不在于鼎本身。从前夏朝正当有德行的时候,远方的国家把物产画成图像进献,九州的长官进贡青铜,铸造九鼎并且把图像铸在鼎上,各种东西都具备,让百姓认识神鬼恶物的形状。所以百姓进入川泽山林,就不会碰上不顺利的事,妖魔鬼怪,都不会碰上。因而能够使上下和协,以承受上天的福祐。夏桀昏乱,鼎迁到商朝,前后六百年。商纣暴虐,鼎又迁到周朝。德行美善光明,鼎虽然小,也是重的;如果邪恶昏乱,鼎虽然大,也是轻的。上天赐福给有德之人,是有一定期限的。成王把九鼎安放在郏鄏,占卜预告传世三十代,享国七百年,这是上天所命令的。周朝的德行虽然衰减,天命并没有改变。鼎的轻重,是不能询问的。"

子公染指于鼎(宣公四年)

这是一则小故事。郑灵公夷即位不到一年,就被子公所弑,但这场动乱的起因,却仅仅因为子公没有吃到鳖肉。这件小事写得很生动,由此产生了"食指大动"和"染指"这两个过去常用的词语。

楚人献鼋于郑灵公[1]。公子宋与子家将见[2],子公之食指动,以示子家,曰:"他日我如此,必尝异味。"及入,宰夫将解鼋,相视而笑。公问之,子家以告。及食大夫鼋,召子公而弗与也。子公怒,染指于鼎,尝之而出。公怒,欲杀子公。子公与子家谋先。子家曰:"畜老,犹惮杀之,而况君乎?"反谮子家。子家惧而从之。夏,弑灵公。

书曰:"郑公子归生弑其君夷。"权不足也[3]。君子曰:"仁而不武,无能达也。"凡弑君,称君,君无道也;称臣,臣之罪也。[4]

注释

〔1〕鼋:大鳖。

〔2〕公子宋即子公,子家即归生。

〔3〕这次弑君事件,子公是主犯,但《春秋》之所以把责任归于子家,《左传》的作者认为应该理解为由于正卿子家权变不足,没有能阻止事情的发生。

〔4〕这是所谓"书例",即《春秋》记事的体例。弑君称君,意为不书弑君者之名,如文公十六年"宋人弑其君杵臼",主语为"宋人",表示出于全国人的意志,责任不在个人。称臣即直书弑君者之名,本文就是一例。

译文

楚国人献给郑灵公一只大鳖。子公和子家将要进见,子公的食指忽然摇动,让子家看,说:"以往我发生这种情况,一定尝到新奇的美味。"等到进去以后,厨师正准备把大鳖切块,两个人对看一下笑了起来。郑灵公问他们为什么,子家就告诉郑灵公。等到用鳖肉宴请大夫们,把子公召来却偏不给他。子公发怒,把手指头蘸在鼎里,尝了尝味道才退出去。郑灵公发怒,想要杀死子公。子公找子家策划要先下手。子家说:"牲口老了,尚且不容易杀它,何况是国君呢?"子公就反过来诬陷子家。子家因为害怕,只能听从他。夏季,杀死了郑灵公。

《春秋》记载说:"郑公子归生弑其君夷。"这是由于子家权变不足的缘故。君子说:"仁爱而缺乏勇武,这是行不通的。"凡是杀死国君,记载国君的名字,这是由于国君无道;记载臣下的名字,这是由于臣下的罪恶。

陈公卿宣淫(宣公九、十年)

夏姬在春秋时代以私生活不检而著称。但《左传》对她的描写很有分寸,读者从中可以看到,真正淫乱无耻的人是陈灵公君臣。《诗·陈风·株林》讽刺的就是这件事。成公二年,作者还记载了夏姬又成为楚国君臣争夺、玩弄的对象,可以互相参看。

陈灵公与孔宁、仪行父通于夏姬[1],皆衷其衵(nì 逆)服,以戏于朝。泄冶谏曰:"公卿宣淫,民无效焉,且闻不令。君其纳之!"公曰:"吾能改矣。"公告二子。二子请杀之,公弗禁,遂杀泄冶。

孔子曰:"《诗》云:'民之多辟,无自立辟。'[2]其泄冶之谓乎!"

陈灵公与孔宁、仪行父饮酒于夏氏。公谓行父曰:"征舒似女[3]。"对曰:"亦似君。"征舒病之。公出,自其厩射而杀之。二子奔楚。

注释

〔1〕夏姬:郑穆公之女,陈国大夫御叔之妻。

〔2〕见《大雅·板》。上"辟"字解作邪恶,下"辟"字解作法度。这两句诗的意思是,以一个人的力量要去纠正人们普遍的邪恶,这是做不到的。

〔3〕征舒:夏姬的儿子。宣公十一年,楚国借口陈灵公被弑而进攻陈国,征舒被杀。

译文

陈灵公和孔宁、仪行父跟夏姬通奸,都把夏姬的内衣贴身穿着,在朝廷上互相戏谑。泄冶进谏说:"国君和卿公开淫乱,百姓就无可效法了,而且名声不好。君主还是把内衣收起来吧!"陈灵公说:"我能改正了。"把话告诉孔宁、仪行父两个人。这两个人请求杀死泄冶,陈灵公不加禁止,于是就杀了泄冶。

孔子说:"《诗》说:'人们多行邪恶,就不要自立法度。'说的就是泄冶吧!"

陈灵公和孔宁、仪行父在夏家喝酒。陈灵公对仪行父说:"征舒长得像你。"仪行父回答说:"也像君主。"夏征舒对此感到愤恨。陈灵公出门,夏征舒就从马房里射死了他。孔宁、仪行父逃亡到楚国。

晋、楚邲之战(宣公十二年)

邲之战是晋、楚三大战役中的第二次战役,这一年春季,楚国包围郑国,攻破国都,郑襄公投降。楚庄王没有灭亡郑国而与之媾和。晋国发兵救郑。开始,双方都没有必战的决心,由于晋国主帅无能,不能控制局势,这一仗终于打了起来。

作者所着力表现的,是楚胜晋败的必然性。晋军内部的不和、混乱、轻躁,和楚军上下的团结、严整、谨慎恰成对比。胜负的必然性是纷繁的头绪中的一条主线,围绕主线又巧妙地穿插了好几段生动的情节,整个战役的描述因此而既明快又丰富。最后以楚庄王的大段议论作结,说明他成为"春秋五霸"之一并非偶然。

夏六月,晋师救郑。荀林父将中军,先縠(hú 胡)佐之[1];士会将上军,郤(xī 西)克佐之[2];赵朔将下军,栾书佐之[3]。赵括、赵婴齐为中军大夫,巩朔、韩穿为上军大夫,荀首、赵同为下军大夫[4]。韩厥为司马[5]。及河,闻郑既及楚平,桓子欲还,曰:"无及于郑而剿民,焉用之?楚归而动,不后。"[6]随武子曰:"善。会闻用师,观衅而动。德、刑、政、事、典、礼不易,不可敌也,不为是征。楚君讨郑,怒其贰而哀其卑。叛而伐之,服而舍之,德、刑成矣。伐叛,刑也;柔服,德也,二者立矣。昔岁入陈,今兹入郑,民不罢(同"疲")劳,君无怨讟(dú 读),政有经矣。荆尸而举[7],商、农、工、贾不败其业,而卒乘辑睦,事不奸矣。蔿敖为宰[8],择楚国之令典;军行,右辕,左追蓐,前茅虑无,中权,后劲。百官象物而动[9],军政不戒而备,能用典矣。其君之举也,内姓选于亲,外姓选于旧。举不失德,赏不失劳;老有加惠,旅有施舍;君子小人,物有服章;贵有常尊,贱有等威,礼不逆矣。德立、刑行,政成、事时,典从、礼顺,若之何敌之?见可而进,知难而退,军之善政也;兼弱攻昧,武之善经也。子姑整军而经武乎!犹有弱而昧者,何必楚?仲虺有言曰[10],'取乱侮亡',兼弱也。《汋》曰[11],'於(wū 乌)铄王师!遵养时晦',耆昧也。《武》曰:'无竞惟烈。'抚弱耆昧,以务烈所,可也。"彘子曰:"不可。晋所以霸,师武、臣力也。今失诸侯,不可谓力;有敌而不从,不可谓武。由我失霸,不如死。且成师以出,闻敌强而退,非夫也。命为军帅,而卒以非夫,唯群子能,我弗为也。"以中军佐济。

知庄子曰[12]:"此师殆哉!《周易》有之,在《师》之《临》,曰:'师出以律,否臧,凶。'执事顺成为臧,逆为否。众散为弱,川壅为泽。有律以如己也,故曰'律'。否臧,且律竭也。盈而以竭,夭且不整,所以'凶'也。不行之谓临,有帅而不从,临孰甚焉?此之谓矣。果遇,必败。彘子尸之,虽免而归,必有大咎。"韩献子谓桓子曰:"彘子以偏师陷,子罪大矣。子为元帅,师不用命,谁之罪也?失属亡师[13],为罪已重,不如进也。事之不捷,恶有所分。与其专罪,六人同之,不犹愈乎?"师遂济。

楚子北师次于郔。沈尹将中军,子重将左,子反将右,将饮马于河而归[14]。闻晋师既济,王欲还,嬖人伍参欲战[15],令尹孙叔敖弗欲,曰:"昔岁入陈,今兹入郑,不无事矣。战而不捷,参之肉其足食乎?[16]"参曰:"若事之捷,孙叔为无谋矣。不捷,参之肉将在晋军,可得食乎?"令尹南辕、反旆,伍参言于王曰:"晋之从政者新,未能行令。其佐先縠刚愎不仁,未肯用命。其三帅者,专行不获。听而无上,众谁适从?此行也,晋师必败。且君而逃臣,若社稷何?"王病之,告令尹改乘辕而北之,次于管以待之。

晋师在敖、鄗(qiāo 敲)之间[17]。郑皇戌使如晋师,曰:"郑之从楚,社稷之故也,未有贰心。楚师骤胜而骄,其师老矣[18],而不设备。子击之,郑师为承,楚师必败。"彘子曰:"败楚、服郑,于此在矣。必许之!"栾武子曰:"楚自克庸以来[19],其君无日不讨国人而训之于民生之不易,祸至之无日,戒惧之不可以怠;在军,无日不讨军实而申儆之于胜之不可保、纣之百克而卒无后,训之以若敖、蚡冒筚路蓝缕以启山林[20]。箴之曰:'民生在勤,勤则不匮。'不可谓骄。先大夫子犯有言曰:'师直为壮,曲为老。'我则不德,而徼怨于楚,我曲楚直,不可为老。其君之戎分为二广,广有一卒,卒偏之两[21]。右广初驾,数及日中,左则受之,以至于昏。内官序当其夜,以待不虞。不可谓无备。子良,郑之良也;师叔,楚之崇也。师叔入盟,子良在楚,楚、郑亲矣。来劝我战,我克则来,不可遂往,以我卜也!郑不可从。"赵括、赵同曰:"率师以来,唯敌是求。克敌得属,又何俟?必从彘子!"知季子曰:"原、屏,咎之徒也[22]。"赵庄子曰:"栾伯善哉!实其言,必长晋国。"

楚少宰如晋师,曰:"寡君少遭闵凶,不能文。闻二先君之出入此行(háng 杭)也[23],将郑是训定,岂敢求罪于晋?二三子无淹久!"[24],随季对曰:"昔平王命我先君文侯曰:'与郑夹辅周室,毋废王命。'今郑不率,寡君使群臣问诸郑,岂敢辱候人[25]?敢拜君命之辱。"彘子以为谄,使赵括从而更之,曰:"行人失辞[26]。寡君使群臣迁大国之迹于郑,曰:'无辟(同"避")敌!'群臣无所逃命。"

楚子又使求成于晋,晋人许之,盟有日矣。楚许伯御乐伯,摄叔为右,以致晋师。许伯曰:"吾闻致师者,御靡旌摩垒而还。"乐伯曰:"吾闻致师者,左射以菆(zōu 邹),代御执辔,御下两马掉鞅而还。"摄叔曰:"吾闻致师者,右入垒,折馘、执俘而还。"皆行其所闻而复。晋人逐之,左右角之。乐伯左射马,而右射人,角不能进。矢一而已。麋兴于前,射麋丽龟[27]。晋鲍癸当其后,使摄叔奉麋献焉,曰:"以岁之非时,献禽之未至[28],敢膳诸从者。"鲍癸止之,曰:"其左善射,其右有辞,君子也。"既免。

晋魏锜求公族,未得而怒,欲败晋师。请致师,弗许。请使,许之,遂往请战而还。楚潘党逐之,及荥泽,见六麋,射一麋以顾献,曰:"子有军事,兽人无乃不给于鲜?敢献于从者。"叔党命去之。赵旃求卿未得,且怒于失楚之致师者,请挑战,弗许。请召盟,许之,与魏锜皆命而往。郤献子曰:"二憾往矣,弗备,必败。"彘子曰:"郑人劝战,弗敢从也;楚人求成,弗能好也。师无成命,多备何为?"士季曰:"备之善。若二子怒楚,楚人乘我,丧师无日矣,不如备之。楚之无恶,除备而盟,何损于好?若以恶来,有备不败。且虽诸侯相见,军卫不彻,警也。"彘子不可。

士季使巩朔、韩穿帅七覆于敖前,故上军不败。赵婴齐使其徒先具舟于河,故败而先济。

潘党既逐魏锜,赵旃夜至于楚军,席于军门之外[29],使其徒入之。楚子为乘广三十乘,分为左右。右广鸡鸣而驾,日中而说(shuì 税);左则受之,日入而说。许偃御右广,养由基为右;彭名御左广,屈荡为右。乙卯,王乘左广以逐赵旃。赵旃弃车而走林,屈荡搏之,得其甲裳[30]。

晋人惧二子之怒楚师也,使軘车逆之。潘党望其尘,使骋而告曰:"晋师至矣!"楚人亦惧王之入晋军也,遂出陈(同"阵")。孙叔曰:"进之!宁我薄人,无人薄我。《诗》云:'元戎十乘,以先启行[31]。'先人也。《军志》曰:'先人有夺人之心。'薄之也。"遂疾进师,车驰卒奔,乘晋军。桓子不知所为,鼓于军中曰:"先济者有赏!"中军、下军争舟,舟中之指可掬也。

晋师右移,上军未动。工尹齐将右拒卒以逐下军。楚子使唐狡与蔡鸠居告唐惠侯曰[32]:"不穀不德而贪,以遇大敌,不穀之罪也。然楚不克,君之羞也。敢藉君灵,以济楚师。"使潘党率游阙四十乘,从唐侯以为左拒,以从上军。驹伯曰[33]:"待诸乎?"随季曰:"楚师方壮,若萃于我,吾师必尽,不如收而去之。分谤、生民,不亦可乎?"殿其卒而退,不败。

王见右广,将从之乘。屈荡尸之,曰:"君以此始,亦必以终。"自是楚之乘广先左。

晋人或以广队不能进,楚人惎(jì忌)之脱扃(jiǒng窘)。少进,马还(xuán旋),又惎之拔旆投衡,乃出。顾曰:"吾不如大国之数奔也[34]。"

赵旃以其良马二济其兄与叔父,以他马反。遇敌不能去,弃车而走林。逢大夫与其二子乘,谓其二子无顾。顾曰:"赵傁在后。"怒之,使下,指木曰:"尸女于是。"授赵旃绥,以免。明日,以表尸之,皆重获在木下。

楚熊负羁囚知䓨,知庄子以其族反之,厨武子御[35],下军之士多从之。每射,抽矢,菆(zōu邹),纳诸厨子之房。厨子怒曰:"非子之求,而蒲之爱[36]。董泽之蒲,可胜既乎?"知季曰:"不以人子,吾子其可得乎?吾不可以苟射故也。"射连尹襄老,获之,遂载其尸;射公子穀臣,囚之。以二者还[37]。

及昏,楚师军于邲〔38〕。晋之余师不能军,宵济,亦终夜有声。

丙辰,楚重至于邲,遂次于衡雍。潘党曰:"君盍筑武军而收晋尸以为京观〔39〕?臣闻克敌必示子孙,以无忘武功。"楚子曰:"非尔所知也。夫文,止戈为武。武王克商,作颂曰:'载戢干戈,载櫜弓矢。我求懿德,肆于时夏,允王保之〔40〕。'又作《武》,其卒章曰:'耆定尔功〔41〕。'其三曰:'铺时绎思,我徂维求定。'其六曰:'绥万邦,屡丰年。'夫武,禁暴、戢兵、保大、定功、安民、和众、丰财者也,故使子孙无忘其章。今我使二国暴(pù 瀑)骨,暴矣;观兵以威诸侯,兵不戢矣。暴而不戢,安能保大?犹有晋在,焉得定功?所违民欲犹多,民何安焉?无德而强争诸侯,何以和众?利人之几,而安人之乱,以为己荣,何以丰财?《武》有七德,我无一焉,何以示子孙?其为先君宫,告成事而已,武非吾功也。古者明王伐不敬,取其鲸鲵而封之,以为大戮,于是乎有京观以惩淫慝。今罪无所,而民皆尽忠以死君命,又可以为京观乎?"祀于河,作先君宫,告成事而还。

注释

〔1〕荀林父:又称桓子、桓伯、中行氏。自荀林父至韩厥,都是晋国主要家族的代表人物。先縠:先轸的后代,又称原縠、彘子。

〔2〕士会:又称随会、随武子。郤克:又称郤伯、郤献子。

〔3〕赵朔:赵盾之子,晋成公女婿,又称赵庄子。栾书:又称栾伯、栾武子。

〔4〕赵括、赵婴齐:赵盾的异母兄弟。赵括,又称屏括。巩朔:又称巩伯、士庄伯。韩穿,不详。荀首:荀林父之弟,又称知庄子、知季。赵同:赵括、赵婴齐之兄,又称原同、原叔。

〔5〕韩厥:又称韩献子。

〔6〕郑国弱小,处于晋、楚两大国之间,时而附晋,时而附楚,处境为难。晋国不能及时救郑,而郑既附楚,晋军将领又表示要惩罚郑国。

〔7〕荆尸是楚武王创制的兵法,下文即述说实行荆尸法的成效。

〔8〕蒍敖:即孙叔敖,楚国的贤相。

〔9〕这里的百官指军官。古代行军,各种旗帜上绘有不同图像用以指挥行动,例如日旗表示白天行军,月旗表示夜行军,等等。

〔10〕仲虺:商汤的大臣。

〔11〕《汋》和《武》都是《诗·周颂》的篇名。《汋》今本作《酌》。

〔12〕荀首的话解释《周易》的卦象和爻辞,比较深奥难懂,无须深究。

〔13〕晋军出兵是为了救援郑国,如果战败,郑国势必彻底依附楚国。晋国人把郑国视为属国,所以说"失属"。

〔14〕其时郑国已降楚,楚军北上只是向晋军表示姿态,以求和解,并不打算大战一场,所以准备到黄河后就退兵。

〔15〕嬖人,宠幸的小臣。伍参是伍子胥的曾祖。

〔16〕如果战败,伍参的罪责极大,他的肉就不够大家吃的了。古人表示痛恨,动不动就是"食肉寝皮"。

〔17〕敖、鄗:二山名,在今河南荥阳市境内。

〔18〕老:由于长期在外久战不下而士气衰疲,如同人到老年一样。

〔19〕战胜庸国在文公十六年,即此次战役的十四年前。

〔20〕若敖和蚡冒都是楚国的先君。楚国人常常用筚路蓝缕来说明他们创业的艰辛。昭公十二年令尹子革还对楚灵王提起过这件事。

〔21〕楚国的部队建制有偏、卒、广、伍等,都代表战车的数量,具体数字,注家的说法不一。

〔22〕这里用"咎(祸殃)"指先縠,与下文的"二憾"指魏锜、赵旃用法相同。

〔23〕二先君:指楚成王、楚穆王。

〔24〕这几句话的意思是楚国的目的在郑不在晋,希望晋国退兵。

〔25〕候人是接待宾客的官员。这几句话的意思是,晋国的目的同样也是郑国,不敢惊动楚国的礼宾官。双方在强硬中有和解之意。

〔26〕行人:外交使节。

〔27〕丽,附着。龟,动物背脊。在车上射兽要俯身而射,射中背部表示箭法高明。

〔28〕当时有负责田猎的官员"兽人"按时奉献禽兽。

〔29〕铺开席子坐下,表示无所畏惧。

〔30〕甲裳:皮甲。上身穿的称甲,下身穿的称裳。这里应当是赵旃搏斗不胜,脱下皮甲,以便逃跑得快一点,因此为潘党所得。

〔31〕见《小雅·六月》。

〔32〕唐是楚的属国。这次战役唐惠侯领兵从征,但前文没有交代。

〔33〕驹伯:郤克的儿子郤锜。

〔34〕这句话是晋国人嘲讽楚国人经常逃跑,所以有经验。

〔35〕魏锜封于厨,所以也称厨武子、厨子。

〔36〕蒲:蒲柳,即水杨。可以作箭杆。

〔37〕成公三年,晋国用连尹襄老的尸首和公子縠臣和楚国交换知䓨。

〔38〕邲:在今郑州市附近。

〔39〕武军,军营壁垒。京观,把敌人的尸体掩埋在一起炫耀武功的大坟。

99

〔40〕见《周颂·时迈》。

〔41〕见《周颂·武》。以下"其三"、"其六"分别见《周颂·赉》和《周颂·桓》。这里说都属于《武》篇,当是古今编次的不同。

译文

　　夏季六月,晋国的军队救援郑国。荀林父率领中军,先縠辅佐他;士会率领上军,郤克辅佐他;赵朔率领下军,栾书辅佐他。赵括、赵婴齐任中军大夫,巩朔、韩穿任上军大夫,荀首、赵同任下军大夫。韩厥任司马。到达黄河,听到郑国已经和楚国媾和,荀林父想要撤军回去,说:"没有赶到郑国而劳动百姓,出兵有什么用?等楚军回去后再攻郑,不晚。"士会说:"好。会听说用兵的方法,看到敌人的间隙然后进攻。德行、刑罚、政令、事务、典则、礼仪不违背常道,是不可抵挡的,不能攻打这样的国家。楚国的国君讨伐郑国,恼怒他们的三心二意而哀怜他们的卑微。背叛时加以讨伐,顺服后加以赦免,德行、刑罚都完成了。讨伐背叛,是刑罚;安抚顺服,是德行,这两方面树立了。去年进入陈国,今年进入郑国,百姓并不疲劳,国君没有受到怨恨,政令就合于常道了。遵行荆尸的阵法,商贩、农夫、工匠、店主都不废时失业,步兵车兵关系和睦,事务就互不干犯了。蒍敖做令尹,斟酌楚国的法典,军队出动,车右的步兵戒备保护兵车,车左的步兵打草准备歇息,前军以旄旌开路侦察敌情,中军决定谋略,后军的精兵准备支援。各级军官按旌旗的指示行动,军中的活动不必命令而秩序井然,这就是能够运用典则了。他们国君提拔人才,同姓从亲近的支系中选择,异姓从世代旧臣中选择。提拔不遗漏有德行的人,赏赐不遗漏有功劳的人;老人有优待,旅客有赐予;君子和小人,各有规定的服饰;贵人有制度以示尊重,贱人有等级以示威严,礼仪就没有悖逆了。德行树立、刑罚施行,政令合宜、事务适时,典则执行、礼仪和谐,怎么能抵挡他? 看到有利就前进,知道困难就后退,这是治军的妥善法则;兼并衰弱进攻昏暗,这是用兵的良好制度。您还是姑且整顿军政、经营武备吧!衰弱而昏暗的国家还有的是,为什么一定要攻打楚国? 仲虺曾经说过,'占有动乱的国家,陵辱衰亡的国家',说的就是兼并衰弱;《汋》篇说,'天子的军队多么神气,率领他们把昏暗的国家攻取',说的就是攻取昏暗。《武》篇说:'功业强盛无比。'安抚衰弱进攻昏暗,以致力于功业所在,这就可以了。"先縠说:"不行。晋国所以能成为诸侯领袖,是由于军队勇敢、臣下尽力的缘故。现在不救郑国丧失诸侯,不能说是尽力;有敌人而不迎战,不能说是勇敢。由于我们而失去领袖的地位,不如死了。而且整顿军队而出动,听到敌人强大就退却,这不是大丈夫。受命为军队的统帅,而最终却不是大丈夫,只有诸位能办到,我是不干的。"就带领中军副帅所属的军队渡河。

荀首说:"这支军队危险了。《周易》上有这样的卦象,从《师卦》变成《临卦》,爻辞说:'出兵要用法令约束,否臧,凶。'办事顺利成功是'臧',反之就是'否'。大众离散是柔弱,水流壅塞成沼泽。有纪律用来约束部下一如己意,所以叫做'律'。不顺利,说明纪律已经穷竭。从充盈到穷竭,阻塞而又流动,因此爻辞说是凶象。不能流动叫做'临',有统帅而不服从,还有比这更严重的'临'吗?说的就是这个了。果真和敌人相遇,一定失败。彘子首当其冲,虽然免于战死而回国,一定有大祸。"韩厥对荀林父说:"彘子率领一部分军队失陷,您的罪过就大了。您作为最高统帅,军队不听命令,这是谁的罪过?失去属国,丢掉军队,作为罪过已经很重,不如干脆进军。作战不能得胜,罪过可以有所分担。与其一个人担当罪责,六个人共同担当,不还好一点吗?"军队就渡过了黄河。

楚庄王领军北上驻在郔地。沈尹率领中军,子重率领左军,子反率领右军,准备在黄河饮马以后就回国。听到晋军已经渡河,楚庄王想要回兵,宠臣伍参想要作战,令尹孙叔敖不想干,说:"去年攻进陈国,今年攻进郑国,不是没有战争。打起来以后不能取胜,伍参的肉够吃吗?"伍参说:"如果作战得胜,孙叔就是没有谋略了。不能得胜,参的肉将在晋军之中,能吃得上吗?"令尹回车向南,倒转旌旗,伍参对楚庄王说:"晋国执政的是新人,不能行使命令。他的副手先縠倔强残暴,不肯听从命令。他们的三个统帅,要专断行事而不能办到。听从命令却没有统一指挥,将士们跟着谁好?这次战役,晋军一定失败。而且国君躲避臣下,国家该怎么办?"楚庄王感到为难,告诉令尹把战车改而向北,驻扎在管地等待晋军。

晋军驻扎在敖、鄗两山之间。郑国的皇戌出使到晋军中,说:"郑国跟从楚国,是为了保存国家的缘故,对晋国并没有三心二意。楚军屡次得胜而骄傲,他们的军队士气已经衰疲,又不布置戒备。您攻击他们,郑国的军队作为后继,楚军必败。"先縠说:"击败楚国、降服郑国,就在此一举了。一定要答应郑国。"栾书说:"楚国自从战胜庸国以来,他们国君没有一天不致力于治理百姓,并且用百姓生计的不易、祸患的不知哪一天到来、戒备警惕的不能懈怠来教训他们;在军队里,没有一天不致力于治理将士,并且用胜利的不能常保,纣的打一百次胜仗而最终没有好结果来警诫他们,用若敖、蚡冒乘柴车穿破衣开辟山林的事迹来教训他们;规劝他们说:'百姓的生计在于勤劳,勤劳就不会匮乏。'这就不能认为他们骄傲。先大夫子犯说过:'军队理直就是气壮,理曲就是气衰。'我们缺乏德行,又和楚国结怨,我们理曲楚国理直,这不能认为他们气衰。他们警卫军的战车分为左右二广,每广一卒三十辆,每卒又分左右两偏各十五辆。右广鸡鸣时先套车,时间到了中午,左广就接替右广,直到晚上。左右近臣轮班值夜,以防备意外。这不能认为他们没有戒备。子良,是郑国的优秀人物;师叔,是楚国为人崇敬的人物。师叔入郑结盟,子良在楚作为人质,楚和郑国亲密极了。郑国来劝我们作战,我们战胜就来归附,不胜就去归附楚国,这是把我们作为占卜呢!郑国的话不能听从。"赵括、赵同说:"领兵而来,就是为了寻求敌人。战胜敌人得到属国,又等待什么？一定要听从羑子。"荀首说："赵括、赵同两个人，是跟祸殃一伙的。"赵朔说："栾伯好啊！按他的话办，必定使晋国长治久安。"

楚国的少宰到晋军中说："寡君年轻时遭遇忧患，不善于辞令。听到我国两位先君来往在这条道路上，就是准备教导和安定郑国，哪里敢得罪晋国？您诸位不要留得太久了。"士会回答说："从前周平王命令我们的先君文侯说：'和郑国共同辅佐王室，不要废弃天子的命令。'现在郑国不遵循天子的命令，寡君派下臣们向郑国质问，岂敢劳动候人？谨拜谢君王的命令。"先縠认为这样回答是低三下四，派赵括跟上去更正说："行人说错了话。寡君派下臣们把大国的足迹挪出郑国，说：'不要躲避敌人！'下臣们没有地方逃避命令。"

楚庄王又派使者到晋军中媾和，晋国人同意，已经有了结盟日期了。楚国的许伯为乐伯驾车，摄叔作为车右，向晋军挑战。许伯说："我听说挑战的方式，御者疾驰使旌旗斜倾，擦着敌人营垒然后回来。"乐伯说："我听说挑战的方式，车左用利箭射敌，代替御者掌握缰绳，御者下车调整马匹、理好马脖子上的皮带然后回来。"摄叔说："我听说挑战的方式，车右进入敌营，杀敌割下耳朵、抓上俘虏然后回来。"三个人都按照所听到的办事然后返回。晋国人追赶他们，左右两翼夹攻。乐伯左边射马，右边射人，两翼无法前进。箭只剩下一枝。有一头麋出现在前面，乐伯射麋正中背部。晋国的鲍癸在后面，乐伯让摄叔把麋献给他，说："由于今年还不到时令,应该奉献的禽兽还没有送来,谨把它作为您随从的膳食。"鲍癸阻止部下不再追赶,说:"他们的车左善于射箭,车右善于辞令,都是君子啊。"因此免于被俘。

晋国的魏锜请求做公族大夫,没有如愿而发怒,想让晋军失败。请求挑战,没有得到允许。请求出使,允许了,于是就到楚军中请战后回来。楚国的潘党追赶他,到达荧泽,见到六头麋,射中一头回车献给潘党,说:"您有军事在身,掌管狩猎的人恐怕不能供给新鲜的野兽吧?谨以此奉献给您的随从。"潘党下令离去不赶。赵旃请求做卿没有得到,而且对放走楚国挑战的人感到生气,请求挑战,没有得到允许。请求召请楚国人来结盟,允许了,和魏锜都接受了命令前去。郤克说:"两个心怀不满的人去了,(会挑起事情来的,)不加防备,必定失败。"先縠说:"郑国人劝我们作战,不敢听从;楚国人求和,不能友好。领兵没有既定的策略,多加防备又有什么用?"士会说:"多加防备为好。如果这两位激怒楚国,楚国人乘机掩袭我们,部队的败亡就在目前,不如防备他们。楚国人要是没有恶意,撤除戒备而结盟,哪里会损害友好?如果带着恶意前来,有了防备不致失败。而且即使是诸侯相见,军队的守卫也并不撤除,这是为了提高警戒。"先縠不同意。

士会派巩朔、韩穿率领七队伏兵埋伏在敖山之前,所以上军没有战败。赵婴齐派他的部下先在黄河边准备船只,所以战败以后能先渡过河去。

潘党赶走魏锜以后,赵旃在夜里到达楚军驻地,在军营门外铺开席子,派他的部下进去。楚庄王的战车一广三十乘,分为左右两广。右广在早晨鸡叫的时候套车,太阳到中午卸车;左广就接替右广,太阳下山卸车。许偃驾驭右广的指挥车,养由基作为车右;彭名驾驭左广的指挥车,屈荡作为车右。乙卯日,楚庄王乘坐左广的战车追赶赵旃。赵旃丢下车子跑进树林里,屈荡和他搏斗,获得了他的皮甲。

晋国人害怕这两个人激怒楚军,让驻守的战车去接他们。潘党远望飞起来的尘土,派战车奔驰报告说:"晋国的军队来了!"楚国人也害怕楚庄王进入晋军,就列阵出兵。孙叔敖说:"前进!宁可我们迫近敌人,不要让敌人迫近我们。《诗》说,'战车十辆,冲在前面开道',这是说要抢在敌人之前。《军志》说,'抢在敌人之前可以夺去敌人的斗志',这是说要主动迫近敌人。"于是急速进军,战车驰骤,士卒奔跑,迎袭晋军。荀林父不知所措,在军中击鼓宣布说:"先渡河的有赏。"中军、下军争相上船,(先上船的人用刀砍断攀着船舷的手指,)船中的断指多得能用手捧起来。

晋军向右转移,上军没有移动。工尹齐率领右边方阵的士兵追逐楚国下军。楚庄王派唐狡和蔡鸠居报告唐惠侯说:"不榖无德而贪心,遭遇强敌,这是不榖的罪过。然而楚国不能战胜,这是君主的羞耻。谨借重君主的威灵,以帮助楚军。"派潘党率领机动战车四十辆,跟随唐侯作为左边方阵,以迎战晋国上军。驹伯说:"抵御他们吗?"士会说:"楚军士气正旺,如果集中兵力对付我们上军,我们的军队必然被消灭,不如收兵离开。分担失败的指责,保全士兵的生命,不也可以吗?"亲自为上军押阵而退兵,没有被战败。

楚庄王见到右广,准备改乘右广的战车。屈荡阻止说:"君主乘坐左广开始作战,也一定要乘坐它结束作战。"从此楚国的乘广改为以左广先驾。

晋国人有战车陷在坑里不能前进,楚国人教他们抽去车前的横板(以拉出陷坑)。走不多远,马盘旋不进,楚国人又教他们拔掉大旗,扔掉车辕的横木,这才逃了出去。晋军回过头来说:"我们可不像大国的人屡次逃跑呵!"

赵旃用他的两匹好马帮助他哥哥和叔父逃跑,而用别的马驾车回来。碰上敌人不能逃脱,扔下车子跑进树林里。逢大夫和他两个儿子坐在车上,告诉两个儿子不要回头看。儿子回头一看说:"赵老头儿在后边。"逢大夫发怒,让他们下车,指着树木说:"在这里收你们的尸体。"把车上的绳子给赵旃拉着上车,赵旃得以逃脱。第二天,按照标志前去收尸,在树下发现了两具叠压的尸体。

楚国的熊负羁俘获了知䓨,荀首率领他的部属转回来,魏锜为他驾车,下军的士兵不少都跟着回来。荀首每次发射,抽出箭,如果是利箭,就放在魏锜的箭袋里。魏锜发怒说:"不去寻找儿子,反而爱惜蒲柳。董泽的蒲柳,难道能用得完吗?"荀首说:"不用别人的儿子交换,我的儿子难道可以得到吗? 这是我不能随随便便发射的缘故。"射中连尹襄老,得到尸体,就装在车上;射中公子穀臣,囚禁起来。荀首带了这两个人回去。

到黄昏,楚军驻在邲地。晋国的剩余部队已经溃不成军,夜里渡河,喧哗吵嚷了整整一夜。

丙辰日,楚军的辎重车到达邲地,军队就移驻在衡雍。潘党说:"君王何不筑起壁垒收取晋国人的尸体来造一座大坟?下臣听说战胜敌人一定要昭告子孙,用来不忘记战功。"楚庄王说:"这不是你所知道的。从文字上看,'止''戈'合起来是个'武'字。武王战胜商朝,作颂说:'收拾干戈,包藏弓箭。我追求那美德,体现于这《夏》乐之中,成就王业而得有天下。'又作《武》篇,它的末一章说:'获得并巩固你的功业。'它的第三章说:'铺陈先王的美德而加以发扬,我前去征讨只是为了求得安定。'它的第六章说:'安定万国,常有丰年。'武功,是用来禁止强暴、消弭战争、保持强大、巩固功业、安定百姓、协和大众、丰富财物的,所以要使子孙不要忘记他的大功。现在我使两国将士暴露尸骨,这是强暴了;夸耀武力来使诸侯畏惧,战争不能消弭了。强暴而不消弭战争,哪里能够保持强大?还有晋国存在,哪里能够巩固功业?违背百姓愿望的事还很多,百姓哪里能够安定?没有德行而勉强和诸侯相争,用什么协和大众?以别人的危难作为自己的利益,安享别人的动乱作为自己的荣耀,用什么丰富财物?武功具有七种德行,我一种都没有,用什么昭告子孙?修造先君的庙宇,不过是报告战争胜利而已,武力不是我的功业。

古代圣明的君王征伐不恭敬的国家,抓住它的罪魁祸首杀掉埋葬,作为大规模的杀戮,这样才有了大坟以惩戒罪恶。现在晋国的罪过找不到罪魁祸首,可是百姓都竭尽忠心为执行国君的命令而死,难道能建造大坟吗?"祭祀黄河河神,修造先君的神庙,报告战争胜利然后回国。

宋人及楚人平（宣公十四、十五年）

楚国和宋国的关系一向紧张。宣公十三年，楚国攻宋，仅隔一年，又发生了这次战役。如果宣公二年和十二年出现的华元、楚庄王已经给人以深刻印象，这段文字就可以把这两个人物形象补充得更丰满。对于楚庄王，以不假道描绘骄横，以"投袂而起"勾画盛怒，以释放解扬显示气度。对于华元，他为维护国家尊严的所作所为，也写得虎虎有生气。

楚子使申舟聘于齐，曰："无假道于宋。"亦使公子冯聘于晋，不假道于郑[1]。申舟以孟诸之役恶宋[2]，曰："郑昭，宋聋，晋使不害，我则必死。"王曰："杀女，我伐之。"见犀而行。及宋，宋人止之。华元曰："过我而不假道，鄙我也[3]。鄙我，亡也。杀其使者，必伐我。伐我，亦亡也。亡，一也。"乃杀之。楚子闻之，投袂而起，屦及于窒皇，剑及于寝门之外，车及于蒲胥之市[4]。九月，楚子围宋。

宋人使乐婴齐告急于晋，晋侯欲救之。伯宗曰："不可。

古人有言曰：'虽鞭之长，不及马腹[5]。'天方授楚，未可与争。虽晋之强，能违天乎？谚曰：'高下在心。'川泽纳污，山薮藏疾，瑾瑜匿瑕，国君含垢[6]，天之道也。君其待之。"乃止。

使解扬如宋，使无降楚，曰："晋师悉起，将至矣。"[7]郑人因而献诸楚。楚子厚赂之，使反其言。不许，三而许之。登诸楼车，使呼宋人而告之。遂致其君命。楚子将杀之，使与之言曰："尔既许不穀而反之，何故？非我无信，汝则弃之。速即尔刑。"对曰："臣闻之，君能制命为义，臣能承命为信，信载义而行之为利。谋不失利，以卫社稷，民之主也。义无二信，信无二命[8]。君之赂臣，不知命也。受命以出，有死无陨，又可赂乎？臣之许君，以成命也。死而成命，臣之禄也。寡君有信臣，下臣获考死[9]，又何求？"楚子舍之以归。

夏五月，楚师将去宋。申犀稽首于王之马前曰："无畏知死而不敢废王命，王弃言焉。"王不能答。申叔时仆，曰："筑室，反耕者[10]，宋必听命。"从之。宋人惧，使华元夜入楚师，登子反之床[11]，起之，曰："寡君使元以病告，曰：'敝邑易子而食，析骸以爨（cuàn 窜）。虽然，城下之盟，有以国毙，不能从也[12]。'去我三十里，惟命是从。"子反惧，与之盟而告王，退三十里。宋及楚平，华元为质。盟曰："我无尔诈，尔无我虞。"

注释

〔1〕申舟：楚国大夫，字无畏，也称文之无畏。使臣按规定应当向路

过国的政府请求"假(借)道"。楚庄王要申舟和公子冯不向郑国和宋国假道,是一种挑衅性的做法。

〔2〕 文公十年,宋昭公陪同楚穆王在孟诸打猎,违反军令。申舟当时担任执法官,责打宋昭公的御者以示惩罚。

〔3〕 鄙:边境、边邑。这里是动词的使动用法,即"以我为鄙"。

〔4〕 窒皇:寝宫的前院。古人入室,脱鞋,席地而坐。楚庄王暴怒而起,一直往外走,忘了穿鞋、挂剑,车子到街市上才赶上他。蒲胥之市,郢都内街市名。

〔5〕 马腹柔软,不能鞭打。不及,是"不能到"而不是"达不到",但后世成语"鞭长莫及"则用"达不到"的意思。

〔6〕 这四句话的意思是,川泽之广、山林之高、美玉之纯,都包藏污垢斑痕,国君也应该忍受不救宋国的耻辱。

〔7〕 晋国的意图是骗宋国死守,拖垮楚军,以便坐收渔利。

〔8〕 这两句的意思是:合于道义的命令只有一种,不能有两种不同的命令而让臣下承担两次守信的义务;承担了守信的义务就不能再接受不同的命令。

〔9〕 完成使命,虽被杀而死,也可以看作善终。

〔10〕 表示要长期包围宋国。

〔11〕 子反:即公子侧,楚军主将。

〔12〕 古人盟誓是庄重的事。兵临城下,胁迫成盟是奇耻大辱。

译文

楚庄王派遣申舟到各国聘问,说:"不要向宋国请求借路。"也让公子冯到晋国聘问,不向郑国请求借路。申舟由于孟诸那一次得罪了宋国,说:"郑国明白,宋国昏聩,去晋国的使者没有危险,我就一定要死了。"楚庄王说:"要是杀了你,我攻打他们。"申舟把儿子申犀引见给楚王然后登程。到达宋国,宋国人扣留了他。华元说:"经过我国而不请求借路,这是把我国当成他们边境县城了。把我国当成边境县城,是亡国。杀死他们的使者,他们一定攻打我国。攻打我国,也是亡国。亡国,反正一样。"于是就杀死申舟。楚庄王听到这一消息,一甩袖子就站起来,(随从赶上去,)到前院才送上鞋,到寝宫门外才送上剑,到蒲胥街市才让楚庄王坐上车。秋季九月,楚庄王包围宋国。

宋国人派乐婴齐到晋国求救,晋景公想要救援宋国。伯宗说:"不行。古人有话说:'虽然鞭子长,不能到马腹。'上天正保佑楚国,不能和他们争夺。即使凭晋国的强大,能够违背上天吗?俗话说:'高高低低,都在心里。'河流湖泊容纳污泥浊水,山林草野暗藏毒虫猛兽,美玉隐藏斑痕,国君忍受耻辱,这是上天的常道。君主还是等待一下。"晋景公就停止发兵。

派解扬到宋国去,让他们不要投降楚国,说:"晋军都已经出发,快要到了。"(路过郑国,)郑国人把解扬囚禁献给楚国。楚庄王赠给他大量财物,让他说相反的话。不同意,再三要求才同意了。楚国人使解扬登上楼车,让他向宋国人喊话告诉他们。解扬乘机传达晋君的命令。楚庄王准备杀他,派人对他说:"你已经答应不穀可又反悔,这是什么原因?不是我们没有信用,而是你丢了它。快去受你的刑罚。"回答说:"下臣听说,国君能制定命令就是道义,臣下能接受命令就是信用,信用贯彻道义然后实行就是利益。谋划不丢掉利益,以此保卫国家,这就是百姓的主人。贯彻道义不能有两种信用,坚持信用不能接受两种命令。君主赠给下臣财物,这是不懂得命令的缘故。接受了命令而出使,宁死也不能废弃命令,难道可以用财物改变吗?下臣所以答应君主,是为了完成使命。死而能完成使命,这是下臣的福气。寡君有守信用的臣下,下臣得以善终,还有什么要求?"楚庄王赦免解扬让他回国。

夏季五月,楚军准备离开宋国。申犀在楚庄王的马前叩头说:"无畏明知要死却不敢废弃君主的命令,君主丢掉诺言了。"楚庄王不能回答。申叔时为楚庄王驾车,说:"建造房子,让种田的人回来,宋国必然听从命令。"楚庄王听从这个意见。宋国人害怕,派华元在夜里进入楚营,登上子反的床,把他叫起来,说:"寡君派元把困难告诉您,说:'敝邑的人交换儿子吃人肉,拆开尸骨当柴烧。尽管如此,若是被迫订立屈辱的城下盟约,宁可让国家灭亡,也是不能订立的。'离开我国三十里,我们就唯命是听。"子反害怕,就和华元盟誓然后报告楚王。兵退三十里,宋国和楚国媾和。华元作为人质。盟誓说:"我不骗你,你不欺我。"

魏颗不从乱命(宣公十五年)

这是一段很著名的故事。事情本身带有神怪的色彩,但从中反映了对人殉的看法。即在春秋中期,人殉作为一种制度依然合法存在,但在人们的观念中这种合法性已经开始动摇。也许正由于此,这一故事长期流传,"结草"也因此成了报恩的代称。

秋七月,秦桓公伐晋,次于辅氏[1]。壬午,晋侯治兵于稷,以略狄土,立黎侯而还[2]。及雒,魏颗(huǒ 火)败秦师于辅氏[3],获杜回,秦之力人也。

初,魏武子有嬖妾,无子。武子疾,命颗曰:"必嫁是。"疾病[4],则曰:"必以为殉!"及卒,颗嫁之,曰:"疾病则乱,吾从其治也。"及辅氏之役,颗见老人结草以亢杜回。杜回踬而颠,故获之。夜梦之曰:"余,而所嫁妇人之父也。尔用先人之治命,余是以报。"

注释

[1] 辅氏:在今陕西大荔县境。

〔2〕稷:在今山西稷山县境。黎为狄人所灭。晋国在一个月之前派荀林父攻打狄人。至此晋景公亲自出征,扩大战果,重建黎国。

〔3〕魏颗:魏犨(武子)之子。

〔4〕疾病:在《左传》中都解作病重、病危。

译文

宣公十五年秋季七月,秦桓公攻打晋国,驻在辅氏。壬午日,晋景公在稷地举行武装演习,出兵攻占狄人的土地,立了黎侯然后回国。到达雒地,魏颗在辅氏击败秦军,俘获杜回,他是秦国的大力士。

起初,魏武子有一个爱妾,没有生过儿子。武子生病,吩咐魏颗说:"(我死后,)一定要把她嫁出去。"病危,又说:"一定要让她殉葬!"等到死了以后,魏颗把她嫁出去,说:"病危了就昏乱,我服从父亲清醒时候的命令。"等到辅氏这一战役,魏颗看到一个老人把草打成结来遮拦杜回。杜回绊倒在地,所以俘获了他。夜里梦见老人说:"我,是你所嫁女人的父亲。你执行你先人清醒时候的命令,我以此作为报答。"

齐、晋鞌之战（成公二年）

宣公十七年，晋郤克由于瘸腿在出使齐国时受侮辱。成公二年春天，齐国和鲁、卫二国发生冲突，其时郤克已在晋国执政，于是领兵以救援鲁、卫为名和齐军交战。鞌（今济南市）之战着重于两军交战的描写，齐顷公幸免被俘一段，写得紧张、惊险。最后以主帅的谦虚谨慎作结，也颇有余味。

两军交战，韩厥在可能俘获齐顷公时的雍容揖让，反映了在等级森严的社会里，维护统治阶级利益而形成的礼仪，要比两国之间一时性的矛盾更为重要。这种例子在《左传》中很多，不过以这次战役和成公十六年鄢陵之战的有关描写最能说明问题。

孙桓子还于新筑[1]，不入，遂如晋乞师。臧宣叔亦如晋乞师[2]。皆主郤献子[3]。晋侯许之七百乘。郤子曰："此城濮之赋也[4]。有先君之明与先大夫之肃，故捷。克于先大夫，无能为役。请八百乘。"许之。郤克将中军，士燮（xiè泄）佐上军[5]，栾书将下军，韩厥为司马，以救鲁、卫。臧宣叔逆晋师，且道之。季文子帅师会之[6]。及卫地，韩献子将斩人,郤献子驰,将救之。至,则既斩之矣。郤子使速以徇,告其仆曰:"吾以分谤也。"

师从齐师于莘。六月壬申,师至于靡笄之下。齐侯使请战,曰:"子以君师辱于敝邑,不腆敝赋,诘朝请见。"对曰:"晋与鲁、卫,兄弟也。来告曰:'大国朝夕释憾于敝邑之地[7]。'寡君不忍,使群臣请于大国,无令舆师淹于君地。能进不能退,君无所辱命。"齐侯曰:"大夫之许,寡人之愿也;若其不许,亦将见也。"齐高固入晋师,桀石以投人,禽之而乘其车,系桑本焉,以徇齐垒,曰:"欲勇者贾余余勇[8]!"

癸酉,师陈于鞌。邴夏御齐侯,逢丑父为右。晋解张御郤克,郑丘缓为右。齐侯曰:"余姑翦灭此而朝食。"不介马而驰之。郤克伤于矢,流血及屦,未绝鼓音,曰:"余病矣!"张侯曰:"自始合,而矢贯余手及肘,余折以御。左轮朱殷(yān 烟),岂敢言病?吾子忍之!"缓曰:"自始合,苟有险,余必下推车,子岂识之?然子病矣!"张侯曰:"师之耳目,在吾旗鼓,进退从之。此车一人殿之,可以集事。若之何其以病败君之大事也?擐(huàn 患)甲执兵,固即死也,病未及死,吾子勉之!"左并辔,右援枹(fú 扶)而鼓。马逸不能止[9],师从之。齐师败绩。逐之,三周华不注。

韩厥梦子舆谓己曰:"且辟左右!"故中御而从齐侯[10]。邴夏曰:"射其御者,君子也。"公曰:"谓之君子而射之,非礼也。"射其左,越于车下。射其右,毙于车中。綦毋张丧车,从韩厥曰:"请寓乘!"从左右,皆肘之,使立于后。韩厥俛定其右[11]。逢丑父与公易位。将及华泉,骖䩭(guà挂)于木而止[12]。丑父寝于辇(zhàn战)中[13],蛇出于其下,以肱击之,伤而匿之,故不能推车而及。韩厥执絷马前,再拜稽首,奉觞加璧以进,曰:"寡君使群臣为鲁、卫请,曰,无令舆师陷入君地。下臣不幸,属当戎行,无所逃隐。且惧奔辟,而忝两君。臣辱戎士,敢告不敏,摄官承乏[14]。"丑父使公下,如华泉取饮。郑周父御佐车,宛茷为右,载齐侯以免。韩厥献丑父,郤献子将戮之,呼曰:"自今无有代其君任患者,有一于此,将为戮乎?"郤子曰:"人不难以死免其君,我戮之,不祥。赦之,以劝事君者。"乃免之。

齐侯免,求丑父,三入三出。每出,齐师以帅退[15]。入于狄卒,狄卒皆抽戈盾冒之。以入于卫师,卫师免之[16]。遂自徐关入。齐侯见保者,曰:"勉之!齐师败矣!"辟(同"避")女子。女子曰:"君免乎?"曰:"免矣。"曰:"锐司徒免乎[17]?"曰:"免矣。"曰:"苟君与吾父免矣,可若何?"乃奔。齐侯以为有礼。既而问之,辟司徒之妻也。予之石窌。

晋师从齐师,入自丘舆。击马陉(xíng刑)。齐侯使宾媚人赂以纪甗(yǎn演)、玉磬与地[18]。"不可,则听客之所为。"宾媚人致赂。晋人不可,曰:"必以萧同叔子为质,而使齐之封内尽东其亩。"[19]对曰:"萧同叔子非他,寡君之母也。若以匹敌,则亦晋君之母也。吾子布大命于诸侯,而曰必质其母以为信,其若王命何[20]?且是以不孝令也。《诗》曰:'孝子不匮,永锡尔类[21]。'若以不孝令于诸侯,其无乃

119

非德类也乎？先王疆理天下，物土之宜，而布其利。故《诗》曰：'我疆我理，南东其亩[22]。'今吾子疆理诸侯，而曰尽东其亩而已，唯吾子戎车是利，无顾土宜，其无乃非先王之命也乎？反先王则不义，何以为盟主？其晋实有阙。四王之王也，树德而济同欲焉；五伯之霸也[23]，勤而抚之，以役王命。今吾子求合诸侯，以逞无疆之欲，《诗》曰：'布政优优，百禄是遒[24]。'子实不优，而弃百禄，诸侯何害焉？不然，寡君之命使臣，则有辞矣。曰：'子以君师辱于敝邑，不腆敝赋，以犒从者。畏君之震，师徒桡败。吾子惠徼齐国之福，不泯其社稷，使继旧好，唯是先君之敝器、土地不敢爱。子又不许，请收合余烬，背城借一。敝邑之幸，亦云从也；况其不幸，敢不唯命是听？"鲁、卫谏曰："齐疾我矣。其死亡者，皆亲昵也。子若不许，仇我必甚。唯子，则又何求？子得其国宝，我亦得地，而纾于难，其荣多矣。齐、晋亦唯天所授，岂必晋？"晋人许之，对曰："群臣帅赋舆，以为鲁、卫请。若苟有以藉口，而复于寡君，君之惠也。敢不唯命是听？"

禽郑自师逆公[25]。

秋七月，晋师及齐国佐盟于爰娄。使齐人归我汶阳之田。公会晋师于上鄍。赐三帅先路三命之服。司马、司空、舆帅、侯正、亚旅皆受一命之服。

晋师归，范文子后入。武子曰[26]："无为吾望尔也乎？"对曰："师有功，国人喜以逆之，先入，必属耳目焉。是代帅受名也[27],故不敢。"武子曰:"吾知免矣[28]。"

郤伯见,公曰:"子之力也夫!"对曰:"君之训也,二三子之力也,臣何力之有焉?"范叔见,劳之如郤伯。对曰:"庚所命也[29],克之制也,燮何力之有焉?"栾伯见,公亦如之。对曰:"燮之诏也[30],士用命也,书何力之有焉?"

注释

〔1〕孙桓子,即孙良夫,卫国的卿。本年四月为齐所败,因此到晋国求援。新筑,卫国地名。按,鞌之战在本年六月,可见孙良夫在兵败后就到了晋国。

〔2〕臧宣叔,名许,鲁国大夫。本年春天,齐军侵鲁,鲁国兵败。

〔3〕郤献子:郤克,也称郤伯。当时为晋国中军主帅。三年前出使齐国,由于跛脚而为齐顷公的母亲耻笑,发誓报仇。

〔4〕城濮之战见前僖公二十八年。先君,指晋文公。先大夫,指先轸、狐偃等。

〔5〕士燮:又称范文子,范叔。士会之子。

〔6〕季文子:鲁国的执政者。

〔7〕这句话是转述,陈述的主体鲁、卫自称敝邑。释憾,意即侵犯。

〔8〕高固的行动就是邲之战中所说的致师,即临战前的挑战。

〔9〕御者两手分握四匹马的缰绳控马。解张右手代郤克击鼓,把马缰并在左手,马就失去控制。

〔10〕作战时只有国君和元帅居战车之中,将士的战车都是御者居中。韩厥是司马,按常例应站在左边。

〔11〕由于俯身,所以没有看清逢丑父和齐景公互换位置,所以后来误以逢丑父为齐君。

〔12〕驾车的四匹马,中间两匹叫服马,左右两匹叫骖马。

〔13〕辂:一种轻便的棚车。

〔14〕执絷、奉觞、加璧,都是臣下见国君的礼节。"摄官承乏"言下之意是要执行任务,俘虏齐景公。

〔15〕这几句话的不同解释很多。这里参照杜预注译出。

〔16〕狄军、卫军虽是晋国的友军,但不敢真正得罪齐国。

〔17〕锐司徒:管理兵器的官员。下文辟司徒是管理军中营垒的官员。

〔18〕宾媚人,又称国佐,齐国的卿。纪甗、玉磬是齐国灭亡纪国时所得。

〔19〕萧同叔子是齐顷公的母亲,曾耻笑郤克。要齐国的田垄全部改为东西走向,目的在于方便晋军出入。这都是十分苛刻的媾和条件。

〔20〕意思是,以国君的母亲作人质,为"王命"所不允许。

〔21〕见《大雅·既醉》。

〔22〕见《小雅·信南山》。

〔23〕四王:指禹、汤、文、武。五伯:指夏代昆吾,商代大彭、豕韦,周代齐桓、晋文。

〔24〕见《周颂·长发》。

〔25〕鲁成公从鲁国来参加盟会,鲁国将领禽郑前去迎接。

〔26〕武子:士会。士燮之父。

〔27〕晋军最高统帅是郤克。

〔28〕士燮谦虚谨慎,可以使家族免祸。

〔29〕庚,指上军统帅荀庚。荀庚没有出征,士燮以上军佐的身份指挥上军,把功劳归于荀庚。

〔30〕三军中,中军地位最高,上军次之,下军最低,所以栾书又把功劳归于士燮。

译文

　　孙桓子回到新筑,不进入国都,就到晋国请求出兵。臧宣叔也到晋国请求出兵。两人都投奔郤克。晋景公答应他们派出七百辆战车。郤克说:"这是城濮之战的兵员。当时有先君的明察和先大夫的敏捷,所以得胜。克和先大夫相比,还不足以充当他们的仆役。请求八百辆。"晋景公答应了。郤克率领中军,士燮辅佐上军,栾书率领下军,韩厥任司马,以救援鲁国和卫国。臧宣叔迎接晋军,同时作为向导。季文子率领军队和晋军会合。到达卫国境内,韩厥准备按军法杀人,郤克急忙坐车赶去,想救那个人。等赶到,已经杀了。郤克派人立刻把尸体在全军示众,告诉他的御者说:"我用这办法来分担指责。"

　　晋军在莘地追上齐军。六月壬申日,军队到达靡笄山下。齐顷公派使者请战,说:"您带领贵国国君的军队光临敝邑,敝军兵员不多,请在明天早晨相见。"郤克回答说:"晋国和鲁国、卫国,是兄弟之国。他们前来告诉我们说:'大国经常在敝邑的土地上解恨。'寡君不忍,派下臣们来向大国请求,又不让军队长久留在贵国。我们只能进不能退,君主不必再盼咐了。"齐景公说:"大夫的许诺,正是寡人的愿望;如果不许诺,也会见面的。"齐国的高固进入晋军,拿起石块投掷晋军,抓住晋军拖上战车,车后系了一棵桑木,在齐营中巡行,说:"要勇气的人来买我剩下的勇气!"

　　癸酉日,两军在鞌地摆开阵势。邴夏为齐顷公驾车,逢丑父作为车右。晋国解张为郤克驾车,郑丘缓作为车右。齐顷公说:"我不妨消灭了这些人再吃早饭。"马不披甲就驰向晋军。郤克为箭所伤,血流到鞋上,仍然没有停止击鼓,说:"我受伤了!"解张说:"从一开始接战,箭就射穿了我的手和肘,我折断了箭继续驾车。左边的车轮染成了黑红色,哪里敢说受伤?您忍着点吧!"郑丘缓说:"从一开始接战,如果遇到危险,我一定下去推车,您难道(不)了解吗?不过,您是受伤了。"解张说:"部队的耳目,在于我们的旌旗和战鼓,进退都要跟着它。这辆战车一个人坐镇,事情就可以成功。怎么能为了受伤而败坏国君的大事呢?身披铠甲手执武器,本来就打算战死,受伤还没有到死,您尽力而为!"于是就左手一把握着马缰,右手拿着鼓槌击鼓。马失去控制狂奔,全军跟着前进。齐军大败。晋军追赶齐军,绕了华不注山三次。

韩厥梦见他父亲子舆对他说:"明天不要站在左右两侧。"所以他站在中间驾车追赶齐顷公。邴夏说:"射那个驾车的,他是君子。"齐顷公说:"认为他是君子而射他,这不合礼仪。"射车左,摔倒在车下。射车右,死在车里。綦毋张丢失战车,跟上韩厥说:"请允许我搭您的战车。"在车上时左时右,韩厥都用肘推他,让他站到后边去。韩厥俯身把车右的尸体放稳。逢丑父和齐顷公乘机互换位置。快要到达华泉,骖马被树木挂住不能前进。(在此以前)逢丑父在辀车里睡觉,蛇爬到他身下,他用小臂打蛇,受了伤却隐瞒了这件事,所以不能推车而被赶上。韩厥拿着马缰走向马前,跪下叩头,捧着酒杯加上玉璧献上,说:"寡君派遣下臣们为鲁、卫两国请求,说,不要让军队进入君主的国土。下臣不幸,正好在军队的行列里,没有地方可以逃避。而且也害怕逃避而成为两国国君的耻辱。下臣勉强充当一名战士,谨向君主报告我的无能,只由于人手缺乏而承担责任。"逢丑父让齐顷公下车,到华泉取水。郑周父驾驭副车,宛茷作为车右,装上齐顷公逃走而免于被俘。韩厥献上逢丑父,郤克准备杀了他,他喊叫说:"从今以后没有代替国君受难的了,有一个在这里,就要被杀吗?"郤克说:"一个人不怕用死来使国君免于祸难,我杀了他,不吉利。赦免了他,用来勉励事奉国君的人。"于是就赦免了逢丑父。

齐顷公脱离危险,寻找逢丑父,多次出入晋军。每次杀出,齐国的军队都同主帅殿后撤退。进入狄军,狄军都抽戈示威又用盾遮护他。进入卫军,卫军也没有伤害他。于是就从徐关进入国内。齐顷公见到守军,说:"努力吧,齐军战败了!"警卫军让一个女子躲开。女子说:"君主免于祸难了吗?"说:"免了。"女子说:"锐司徒免于祸难了吗?"说:"免了。"女子说:"如果君主和我父亲免于祸难了,还要怎么样?"于是就跑开了。齐顷公认为她(先君后父)合于礼仪。事情过去以后查问,知道是辟司徒的妻子。赐给他石窌作为封地。

晋军追赶齐军,从丘舆进入齐国,攻打马陉。齐顷公派宾媚人致送纪甗、玉磬和土地,说:"如果他们不答应(媾和),就随他们怎么办吧!"宾媚人送上礼物,晋国人不答应,说:"一定要把萧同叔子作为人质,而且要使齐国境内的田垄全部东向。"回答说:"萧同叔子不是别人,是寡君的母亲。如果从对等地位来说,也就是晋君的母亲。您在诸侯中发布重大命令,反而说一定要把别人的母亲作为人质以取信,打算怎么对待周天子的命令呢?而且这是用不孝号令诸侯。《诗》说:'孝子的心意不会竭尽,永远可以赐福同类。'如果用不孝号令诸侯,这恐怕不是道德的准则吧!先王划定天下土地疆界,因地制宜,而作有利的布置。所以《诗》说:'我划定疆界、分别田里,南向东向开辟田亩。'现在您划定诸侯的疆界田里,却说田垄全部东向就是了,只管您的兵车有利,不顾地势是否适宜,这恐怕不是先王的政令吧!违反先王就是不合道义,怎么做盟主?这样,晋国就有过错了。四王统一天下,树立德行而满足大家的欲望;五伯领袖诸侯,自己勤劳而安抚大家,为天子的命令服役。现在您要求会合诸侯,来满足没有止境的欲望,《诗》说:'政事推行宽大舒徐,各种福禄都将积聚。'您确实不能宽大,抛弃各种福禄,对诸侯有什么害处呢?如果您不答应,寡君命令我使臣,就有另外的话了。(寡君命令)说:'您带领贵国国君的军队光临敝邑,敝邑用不富厚的财物,来犒赏您的随从。由于害怕贵国国君的震怒,军队战败了。您惠临而为齐国求福,不灭亡我们的国家,让敝邑和贵国继续过去的友好,那么先君的破旧器物、土地是不敢爱惜的。您如果又不肯允许,敝邑请求收集残余部队,背靠城墙借机会再图一战。敝邑有幸(战胜),也会服从贵国的;假如不幸(而再战败),岂敢不唯命是听?"鲁国和卫国劝谏说:"齐国怨恨我们了。他们战死的和溃逃的,都是宗族亲戚。您如果不答应,(他们)一定更加仇恨我们。(我们)就请您(考虑一下此点),其他又有什么可求的呢?您得到他们的国宝,我们也得到土地,帮我们纾解了困难,这份荣耀就已很多了。齐国和晋国都出于上天所赋(的大国),天命难道一定归于晋国?"晋国人答应了,回答说:"下臣们率领军队,来为鲁、卫两国请求。如果有所借口,可以向寡君复命,这就是君主的恩惠了。岂敢不唯命是听?"

禽郑从军中去迎接鲁成公。

秋季七月,晋军和齐国的宾媚人在爰娄结盟,让齐国把汶阳的田地归还给我国。成公在上鄍会见晋军,把卿乘坐的车子和礼服赐给三位统帅,司马、司空、舆帅、侯正、亚旅都接受了大夫的礼服。

晋军回国,士燮最后进入国都。范武子说:"你不以为我盼望你吗?"回答说:"出兵有了功劳,国内的人高兴去迎接,先进国都,必定为大家所瞩目。(先入的人)是代替统帅接受荣誉,所以不敢。"武子说:"我认为可以免于祸害了。"

郤克进见,晋景公说:"这是您的功劳啊!"回答说:"这是君主的训示,他们几位的功劳,下臣有什么功劳呢?"士燮进见,晋景公像对郤克一样慰劳他。回答说:"这是庚的命令,克的节制,燮有什么功劳呢?"栾书进见,晋景公也同样慰劳他。回答说:"这是燮的指示,士兵服从命令,书有什么功劳呢?"

楚归知罃于晋(成公三年)

这一段记载上接宣公十二年的邲之战,可以参看。荀罃的答对得当,不辱国体。最后关于"何以报我"的回答,使人很容易想起僖公三十二年公子重耳对楚王的辞令。

晋人归楚公子穀臣与连尹襄老之尸于楚,以求知罃[1]。于是荀首佐中军矣,故楚人许之。王送知罃,曰:"子其怨我乎?"对曰:"二国治戎,臣不才,不胜其任,以为俘馘。执事不以衅鼓[2],使归即戮,君之惠也。臣实不才,又谁敢怨?"王曰:"然则德我乎?"对曰:"二国图其社稷,而求纾其民,各惩其忿以相宥也,两释累囚以成其好。二国有好,臣不与及[3],其谁敢德?"王曰:"子归,何以报我?"对曰:"臣不任受怨,君亦不任受德,无怨无德,不知所报。"王曰:"虽然,必告不穀。"对曰:"以君之灵,累臣得归骨于晋,寡君之以为戮,死且不朽。若从君之惠而免之,以赐君之外臣首[4];首其请于寡君,而以戮于宗,亦死且不朽。若不获命,而使嗣宗职,次及于事,而帅偏师,以修封疆,虽遇执事,其弗敢违,其竭力致死,无有二心,以尽臣礼,所以报也。"王曰:"晋未可与争。"重为之礼而归之。

荀䓨之在楚也,郑贾人有将置诸褚中以出。既谋之,未行,而楚人归之。贾人如晋,荀䓨善视之,如实出己。贾人曰:"吾无其功,敢有其实乎?吾小人,不可以厚诬君子。"遂适齐。

注释

〔1〕知䓨:即荀䓨,荀首之子,在邲之战中被楚国俘虏。

〔2〕衅鼓:先秦时代,凡制成一件大型器物如钟、鼓之类,要杀牲畜或俘虏,以血涂在器物上祭祀,叫做衅。执事,实际上即指楚共王,古代常用这种方式作为敬称。

〔3〕这句话是宾语提前的结构。"臣"是宾语而非主语。

〔4〕一国的卿大夫对别国君来说就是"外臣"。荀首是荀䓨的父亲,但在国君之前则一律都是臣下,所以直呼其名。

译文

晋国人把楚国公子榖臣和连尹襄老的尸体归还给楚国,以此要求交换知䓨。当时荀首已经是中军副帅,所以楚国人答应了。楚共王送别知䓨,说:"您大概怨恨我吧?"回答说:"两国兴兵,下臣缺乏才能,不能胜任,所以被俘。君主的官员没有用我来祭鼓,让我回去接受诛戮,这是君主的恩惠。下臣确实没有才能,又敢怨谁?"楚共王说:"那么感激我吗?"回答说:"两国为自己的国家打算,希望让百姓宽裕,各自抑制忿怒来互相谅解,两国都释放被俘的囚徒来结成友好。两国友好,并不是为了下臣,又敢感激谁?"楚共王说:"您回去,用什么报答我?"回答说:"下臣不应当有怨恨,君王也不应当受感激,没有怨恨没有感激,不知道该报答什么。"楚共王说:"尽管这样,还是一定要告诉不穀。"回答说:"托君王的福,被囚的下臣能够回到晋国,寡君如果加以诛戮,死而不朽。如果跟君王一样施恩而赦免下臣,把下臣赐给君王的外臣首;首向寡君请求,把下臣在宗庙中加以诛戮,也是死而不朽。如果没有得到诛戮的命令,让下臣继承宗子的地位,按次序承担晋国的政事,并且率领一部分军队,加强边境的防御,即使遇到君王的官员,也不敢违命,只有竭尽全力以至于死,没有第二个念头,以尽臣下的职责,这就是用来报答于君王的。"楚共王说:"晋国是不能和它争夺的。"对荀䓨加倍优待然后放他回去。

荀䓨在楚国的时候,郑国的商人打算把他藏在大口袋里带出楚国。已经计划好了,还没有动身,楚国人就把他放回去了。这个商人到了晋国,荀䓨待他很好,如同确实把自己救出来的一样。商人说:"我没有这功劳,哪里敢居有这成果啊?我是小人,不能这样来欺骗君子。"于是就到齐国去了。

晋归钟仪(成公九年)

这段文字用南冠、南音两个细节来表现钟仪对故土的思恋,用避开正面回答的方式表现钟仪的恪守臣道。至于范文子一番议论,竟总结出如此堂皇的道理,则属于春秋时代的一种风尚。由于故事很动人,所以"南冠""楚囚"就成了后人常用的典故。

晋侯观于军府,见钟仪[1]。问之曰:"南冠而絷者,谁也?"有司对曰:"郑人所献楚囚也。"使税之。召而吊之。再拜稽首。问其族。对曰:泠人也[2]。公曰:"能乐乎?"对曰:"先人之职官也,敢有二事?"使与之琴,操南音。公曰:"君王何如?"对曰:"非小人之所得知也。"固问之,对曰:"其为太子也,师、保奉之,以朝于婴齐而夕于侧也[3]。不知其他。"公语范文子。文子曰:"楚囚,君子也。言称先职,不背本也;乐操土风,不忘旧也;称太子,抑无私也[4];名其二卿,尊君也。不背本,仁也;不忘旧,信也;无私,忠也;尊君,敏也。仁以接事,信以守之,忠以成之,敏以行之,事虽大,必济。君盍归之,使合晋、楚之成?"公从之,重为之礼,使归求成。

注释

〔1〕钟仪:楚国大夫,郧地的地方长官。成公七年,为郑国俘虏后献给晋国。

〔2〕泠:同"伶"。传说黄帝时代的乐官名伶伦。钟仪既是泠氏一族,所以下文才有关于音乐的问答。

〔3〕婴齐,即令尹子重。侧,即司马子反。楚共王做太子时每天拜见这两个楚国的重臣,可见其谦恭有礼。

〔4〕范文子认为,钟仪举出国君做太子时即谦恭有礼来暗示楚君贤明,这可以使人信服,说明并非出于偏私阿谀。

译文

晋景公视察军用仓库,见到钟仪。问起这个人,说:"戴着南方的帽子而被囚禁的人是谁?"主管的官员说:"是郑国人所献的楚国俘虏。"派人把他释放,召见并且慰问他。钟仪再拜叩头。问他的家族,回答说:"是泠氏一族的。"晋景公说:"能够奏乐吗?"回答说:"这是先人掌管的职务,哪里敢从事于其他?"让人把琴给他,他弹奏南方的曲调。晋景公说:"你们的君主怎么样?"回答说:"这不是小人所能知道的。"再三问他,回答说:"他做太子的时候,师、保奉事着他,每天早晨拜见婴齐、晚上拜见侧。我不知道别的。"晋景公告诉范文子。文子说:"楚囚,是君子啊。说话举出先人的职务,这是不背弃根本;音乐演奏家乡的曲调,这是不忘记故旧;赞颂国君做太子时候的事,这是没有私心;直称二卿之名,这是尊崇君主。不背弃根本,这是仁;不忘记故旧,这是信;没有私心,这是忠;尊崇君主,这是敏。用仁来办理事情,用信来保持它,用忠来成就它,用敏来推行它,事情虽然大,必定成功。君主何不放他回去,让他结成晋、楚的和好?"晋景公听从了,对他加倍优待,让他回去表示和好。

晋侯梦大厉（成公十年）

疾病变成两个孩子，并且躲到人体中一个不易治疗的部位，显出了想象的新奇和医药知识的进步。后来就从这里派生出了"二竖为虐"和"病入膏肓"的成语。

晋侯梦大厉，被发及地，搏膺而踊，曰："杀余孙[1]，不义。余得请于帝矣！"坏大门及寝门而入。公惧，入于室。又坏户。公觉，召桑田巫[2]。巫言如梦。公曰："何如？"曰："不食新矣[3]。"公疾病，求医于秦。秦伯使医缓为之。未至，公梦疾为二竖子，曰："彼，良医也，惧伤我，焉逃之？"其一曰："居肓(huāng 荒)之上，膏之下，若我何[4]？"医至，曰："疾不可为也。在肓之上，膏之下，攻之不可，达之不及[5]，药不至焉，不可为也。"公曰："良医也。"厚为之礼而归之。六月丙午，晋侯欲麦，使甸人献麦，馈人为之[6]。召桑田巫，示而杀之。将食，如厕，陷而卒。小臣有晨梦负公以登天，及日中，负晋侯出诸厕，遂以为殉。

注释

〔1〕成公八年,晋景公听信诬告,诛杀赵氏家族的赵同、赵括。历来注家都以为这个大鬼就是赵氏的祖先。

〔2〕桑田:地名,在今河南灵宝市境。

〔3〕这件事发生在五月。《左传》记事大多用周历,周历五月相当于夏历即今天的农历三月。距新麦的收获仅一个月。

〔4〕肓:横膈膜。膏:心尖脂肪。

〔5〕攻:用灸法攻治,即用艾绒在一定的穴位上烧烤。达:用针刺治疗。

〔6〕甸人:主管土地的官员。馈人:主管饮食的官员。

译文

晋景公梦见一个大恶鬼,头发披散拖到地上,拍着胸膛跳着脚说:"你杀了我的子孙,这是不义。我的请求已经得到天帝允许了!"打破宫门和寝门走了进来。晋景公恐惧,躲进内室。恶鬼又打破了内室室门。晋景公醒过来,召见桑田的巫人。巫人所说的和梦见的一样。晋景公说:"怎么样?"巫人说:"吃不上新麦子了。"晋景公病重,到秦国请医生。秦伯派医缓去治病。还没有到达,晋景公梦见病变成两个小孩子,一个说:"这个人,是个好医生,恐怕会伤害我们,逃到哪儿好?"另一个说:"藏在肓的上面,膏的下面,能把我们怎么办?"医生到达,说:"病不能治了。在肓的上面,膏的下面,用艾烤不可以,用针刺够不着,药物的力量也达不到,不能治了。"晋景公说:"真是好医生啊!"馈送丰厚的礼物让他回去。六月丙午日,晋景公想吃新麦,让甸人进献,馈人烹煮。

召来桑田的巫人,把新麦给他看,然后杀了他。将要进食,肚子发胀,上厕所,跌进厕所死了。有一个宦官早晨梦见背了晋景公登天,等到中午,背了晋景公的尸体出厕所,于是就把他殉葬。

吕相绝秦(成公十三年)

本篇是《左传》中一篇保存完整的行人辞令,当时用口头还是书面的方式向秦国表达,已经很难确定。

绝交辞令,在申己方之直,斥对方之曲,用以制造舆论上的声势。然而当时大国之间的关系很难谈得上道义,随之也很难有真正的是非,所以读者欣赏本文,大多偏重在文章的雄辩和纵横变化的技巧。例如秦、晋联合攻郑,记载和以前有所出入,其中"诸侯疾之,将致命于秦"云云,过去认为不过是诬枉之辞,其实也不妨看作是以前记载的补充。秦、晋绝交后,晋国和诸侯的联军就在麻隧与秦国作战,秦军失败。

夏四月戊午,晋侯使吕相绝秦[1],曰:

昔逮我献公及穆公相好,戮力同心,申之以盟誓,重之以昏姻[2]。天祸晋国,文公如齐,惠公如秦。无禄,献公即世。穆公不忘旧德,俾我惠公用能奉祀于晋,又不能成大勋,而为韩之师。亦悔于厥心,用集我文公。是穆之成也[3]。文公躬擐甲胄,跋履山川,逾越险阻,征东之诸侯,虞、夏、商、周之胤而朝诸秦[4],则亦既报旧德矣。郑人怒君之疆埸(yì亦),我文公帅诸侯及秦围郑。秦大夫不询于我寡君,擅及郑盟。诸侯疾之,将致命于秦。文公恐惧,绥静诸侯,秦师克还无害,则是我有大造于西也[5]。无禄,文公即世,穆为不吊,蔑死我君[6],寡我襄公,迭我殽地,奸绝我好,伐我保城,殄灭我费滑[7],散离我兄弟,挠乱我同盟,倾覆我国家。我襄公未忘君之旧勋,而惧社稷之陨,是以有殽之师。犹愿赦罪于穆公[8]。穆公弗听,而即楚谋我。天诱其衷,成王陨命,穆公是以不克逞志于我[9]。

穆、襄即世,康、灵即位。康公,我之自出,又欲阙翦我公室,倾覆我社稷,帅我蟊(móu谋)贼,以来荡摇我边疆,我是以有令狐之役[10]。康犹不悛(quān圈),入我河曲,伐我涑川,俘我王官,翦我羁马,我是以有河曲之战[11]。东道之不通,则是康公绝我好也。

及君之嗣也,我君景公引领西望曰:"庶抚我乎!"君亦不惠称盟,利吾有狄难,入我河县,焚我箕、郜,芟(shān山)夷我农功,虔刘我边垂,我是以有辅氏之聚[12]。君亦悔祸之延,而欲徼福于先君献、穆,使伯车来命我景公曰[13]:"吾与女同好弃恶,复修旧德,以追念前勋。"言誓未就,景公即世,我寡君是以有令狐之会。君又不祥,背弃盟誓[14]。白狄及君同州,君之仇雠,而我昏姻也[15]。君来赐命曰:"吾与女伐狄。"寡君不敢顾昏姻,畏君之威,而受命于吏[16]。君有二心于狄,曰:"晋将伐女。"狄应且憎,是用告我。楚人恶君之二三其德也,亦来告我曰:"秦背令狐之盟,而来求盟于我:'昭告昊天上帝、秦三公、楚三王曰:余虽与晋出入,余唯利是视。'不榖恶其无成德,是用宣之,以惩不壹。"诸侯备闻此言,斯是用痛心疾首,昵就寡人。寡人帅以听命,唯好是求。君若惠顾诸侯,矜哀寡人,而赐之盟,则寡人之愿也,其承宁诸侯以退,岂敢徼乱?君若不施大惠,寡人不佞,其不能以诸侯退矣。敢尽布之执事,俾执事实图利之。

注释

〔1〕吕相:人名,晋国大夫,又称魏相。

〔2〕秦穆公夫人是晋献公的女儿,即前面韩之战中提到的穆姬。

〔3〕参见本书《秦晋韩之战》及《晋公子重耳之亡》。

〔4〕这一段史实,文献中没有记载。

〔5〕参见本书《烛之武退秦师》。说秦国大夫擅自结盟,这是外交上的委婉辞令。"诸侯疾之"云云,和前面所记不同,当是夸张渲染。

〔6〕"吊"字在古文中同于"叔",即"淑"字。《左传》中有多处这样的用法。但联系僖公三十三年"殽之战"的记载来看,此处仍宜解作吊唁。"蔑死我君",从文义上来说,当作"蔑我死君",可能原文有误。

〔7〕僖公三十三年,秦灭滑。滑国的都城在费地,所以也称费滑。又,滑与晋为同姓,所以称"我"。

〔8〕赦,同"释"。殽之战以后,晋国释放秦国的主帅,表示了"赦罪"即愿意和解的意思。

〔9〕天诱其衷:当时的俗语,《左传》中常见。诱,意即"上天打开他的内心",如同后来说"天开眼"。僖公三十三年,秦国殽之战失败以后,把楚国的斗克释放回国,表示要和楚国结好。第二年,楚太子高臣弑楚

成王,这一计划没有实现。

〔10〕文公六年,晋襄公死,晋国大臣赵盾等主张立襄公的弟弟公子雍。公子雍寄居在秦国,秦康公因此派兵护送公子雍归国。但由于襄公夫人穆嬴坚持要立她的儿子夷皋(即晋灵公),赵盾等屈服,并出兵在令狐迎击秦军。蟊贼是两种害虫,这里指公子雍。

〔11〕河曲、涑川、王官、羁马,都是地名。河曲之役在文公十二年。

〔12〕聚,如同今天说"集结"。辅氏之战在宣公十五年,参见本书《魏颗不从乱命》。

〔13〕晋献公和秦穆公是两国友好关系的奠基人,所以向他们求福即意味重修旧好。伯车:秦国公子。

〔14〕成公十一年,秦桓公和晋厉公相约在令狐盟会。但秦桓公不过黄河,双方派代表往来结盟。秦桓公归国就背弃盟约。

〔15〕古人把天下分为九州,秦和白狄同在雍州。白狄的女子曾嫁给晋文公。

〔16〕受:同"授"。

译文

成公十三年夏季四月戊午日,晋厉公派吕相去秦国宣布绝交,说:

过去自从我们献公和穆公互相友好,合力同心,用盟誓表明它,又用婚姻加重它。上天降祸晋国,文公到了齐国,惠公到了秦国。不幸,献公去世。穆公不忘记过去的恩德,使我们惠公能够在晋国主持祭祀,但又没有能完成这一重大功业,反而有了韩地这一战役。穆公心里后悔,因此扶助我们文公。这是穆公安定晋国的功绩。文公亲自身披甲胄,跋涉

141

山川，逾越艰难险阻，征讨东方的诸侯，让虞、夏、商、周的后裔都来朝见秦国，那么也就已报答过去的恩德了。郑国人侵犯君主的边境，我们文公率领诸侯和秦国一起包围郑国。秦国的大夫没有向寡君征询，擅自和郑国订立盟约。诸侯为此愤恨，准备和秦国拼命。文公为此忧惧，安抚诸侯，秦军得以回国而没有受到损害，这就是我们对西方有极大贡献了。不幸，文公去世，穆公不来吊唁，蔑视我们死去的国君，欺凌我们襄公软弱，侵犯我们的殽地，断绝我们的友好，攻打我们的城堡，灭亡我们的滑国，离间我们的兄弟之邦，扰乱我们的同盟之国，颠覆我们的社稷家园。我们襄公没有忘记君主过去的功劳，而又害怕国家的倾覆，所以才有殽地这一战役，但还是希望向穆公解释自己的罪过。穆公不答应，反而靠拢楚国打我们的主意。上天有眼，楚成王丧命，穆公因此不能在我国得逞。

穆公、襄公去世，康公、灵公即位。康公，是我国（穆姬）所生的，却又想损害我们公室，颠覆我们社稷，领着我国的内奸，前来动摇我们的边疆，于是我国才有令狐这一战役。康公还是不肯悔改，进入我国的河曲，攻打我国的涑川，侵占我国的王官，切断我国的羁马，于是我国才有河曲这一战役。东边道路的不通，就是由于康公跟我们断绝友好的缘故。

等到君主继位以后，我们的国君景公伸着脖子望着西边说："大概要安抚我们了吧！"然而君主不肯加恩结盟，反而乘我国有狄人祸难的机会，进入我国的河县，焚烧我国的箕地、郜地,抢割我国的庄稼,杀戮我国的边民,我国因此而有辅氏的战役。君主也后悔灾祸的蔓延,而想求福于先君献公和穆公,派遣伯车来命令我们景公说:"我跟你同心同德,抛弃怨恨,重新恢复以往的恩惠,以追念前人的勋劳。"盟誓还没有完成,景公就去世了,我们寡君因此而有令狐的会见。君主又不做好事,背弃了盟誓。白狄跟君主同在雍州,是君主的仇人,我们的姻亲。君主派人来命令说:"我跟你攻打狄人。"寡君不敢顾惜婚姻关系,害怕君主的威严,就向官吏下达这一命令。可是君主对狄人又两面三刀,对他们说:"晋国将要攻打你们。"狄人一方面答应一方面又讨厌,因此告诉了我们。楚国人讨厌君主的反复无常,也来告诉我们说:"秦国背弃令狐的盟约,却来向我国请求结盟:'祝告皇天上帝、秦国的三位先公、楚国的三位先王说:我虽然和晋国有来往,我不过是图谋利益而已。'不榖讨厌他缺乏完好的道德,因此把真相宣布,用来惩戒言行不一。"诸侯全都听到这些话,因此痛心疾首,来亲近寡人。寡人率领诸侯听取君主的命令,只是为了请求友好。君主如果加恩于诸侯,怜悯寡人,而赐给我们盟约,那是寡人的愿望,就会让诸侯安定而退走,哪里敢希求动乱?君主如果不施大恩,寡人不才,就不能率领诸侯退走了。谨把详情全部报告于您的左右,请您的左右把利害估量一下。

晋、楚鄢陵之战(成公十六年)

鄢陵之战是晋、楚三次大战中的最后一次。晋国自从厉公即位后,郤氏家族当政,逸杀直谏之臣伯宗,厉公本人又扶植姬妾家族的势力,所以士燮等人深为忧虑,希望败给楚国,以引起警惕而修明内政。然而由于楚军内部混乱,晋国获得意外的胜利。下一年,晋国即发生三郤之乱,不久,晋厉公被杀,应了士燮的预言。

文章还刻画了养由基的善射。在后世的小说中他被誉为神箭手,当是渊源于此。作者还写了战争进行过程中几次雍容揖让,请参看《晋楚邲之战》的说明。子反酒醉误事,在《韩非子·十过》中有更细致的描写。

晋侯将伐郑。范文子曰:"若逞吾愿,诸侯皆叛,晋可以逞[1]。若唯郑叛,晋国之忧,可立俟也。"栾武子曰[2]:"不可以当吾世而失诸侯,必伐郑。"乃兴师。栾书将中军,士燮佐之;郤锜将上军,荀偃佐之[3];韩厥将下军;郤至佐新军[4]。荀罃居守。郤犨如卫,遂如齐,皆乞师焉。栾黡来乞师。孟献子曰:"晋有胜矣[5]。"戊寅,晋师起。

郑人闻有晋师,使告于楚,姚句(gōu 勾)耳与往。楚子救郑。司马将中军,令尹将左,右尹子辛将右。过申,子反入见申叔时,曰:"师其何如?"对曰:"德、刑、详、义、礼、信,战之器也。德以施惠,刑以正邪,详以事神,义以建利[6],礼以顺时,信以守物。民生厚而德正,用利而事节,时顺而物成。上下和睦,周旋不逆,求无不具,各知其极。故《诗》曰:'立我烝民,莫匪尔极[7]。'是以神降之福,时无灾害,民生敦庞,和同以听,莫不尽力以从上命,致死以补其阙,此战之所由克也。今楚内弃其民,而外绝其好;渎齐盟,而食话言;奸(同'干')时以动[8],而疲民以逞。民不知信,进退罪也。人恤所底,其谁致死?子其勉之!吾不复见子矣。"姚句耳先归,子驷问焉[9]。对曰:"其行速,过险而不整。速则失志,不整丧列。志失列丧,将何以战?楚惧不可用也。"

五月,晋师济河。闻楚师将至,范文子欲反,曰:"我伪逃楚,可以纾忧。夫合诸侯,非吾所能也,以遗能者。我若群臣辑睦以事君,多矣。"武子曰:"不可。"

六月,晋、楚遇于鄢陵[10]。范文子不欲战。郤至曰:"韩之战,惠公不振旅;箕之役,先轸不反命;邲之师,荀伯不复从,皆晋之耻也[11]。子亦见先君之事矣。今我辟楚,又益耻也。"文子曰:"吾先君之亟战也,有故。秦、狄、齐、楚皆强,不尽力,子孙将弱。今三强服矣,敌楚而已。惟圣人能外内无患。自非圣人,外宁必有内忧,盍释楚以为外惧乎?"

甲午晦,楚晨压晋军而陈(同"阵")。军吏患之。范匄趋进[12],曰:"塞井夷灶,陈于军中,而疏行首[13]。晋、楚唯天所授,何患焉?"文子执戈逐之,曰:"国之存亡,天也,童子何知焉?"[14]栾书曰:"楚师轻窕,固垒而待之,三日必退。退而击之,必获胜焉。"郤至曰:"楚有六间,不可失也。其二卿相恶,王卒以旧,郑陈而不整,蛮军而不陈,陈不违晦,在陈而嚣[15]。合而加嚣,各顾其后,莫有斗心。旧不必良,以犯天忌,我必克之。"

楚子登巢车,以望晋军。子重使大宰伯州犁侍于王后[16]。王曰:"骋而左右,何也?"曰:"召军吏也。""皆聚于中军矣。"曰:"合谋也。""张幕矣。"曰:"虔卜于先君也。""彻幕矣。"曰:"将发命也。""甚嚣,且尘上矣。"曰:"将塞井夷灶而为行也。""皆乘矣,左右执兵而下矣。"曰:"听誓也。""战乎?"曰:"未可知也。""乘而左右皆下矣。"曰:"战祷也。"伯州犁以公卒告王。苗贲皇在晋侯之侧[17],亦以王卒告。皆曰:"国士在,且厚,不可当也。"苗贲皇言于晋侯曰[18]:"楚之良,在其中军王族而已。请分良以击其左右,而三军萃于王卒[19],必大败之。"公筮之。史曰:"吉。其卦遇《复》,曰:'南国蹙,射其元王,中厥目。'国蹙、王伤,不败何待?"公从之。

有淖于前,乃皆左右相违于淖。步毅御晋厉公,栾针为右[20]。彭名御楚共王,潘党为右。石首御郑成公,唐苟为右。栾、范以其族夹公行。陷于淖。栾书将载晋侯。针曰:"书退!国有大任,焉得专之?且侵官,冒也;失官,慢也;离局,奸也[21]。有三罪焉,不可犯也。"乃掀公以出于淖。

癸巳,潘尪(wāng汪)之党与养由基蹲甲而射之[22],彻七札焉。以示王,曰:"君有二臣如此,何忧于战?"王怒曰:"大辱国[23]!诘朝,尔射死艺。"吕锜梦射月[24],中之,退入于泥。占之,曰:"姬姓,日也;异姓,月也,必楚王也。射而中之,退入于泥,亦必死矣。"及战,射共王中目。王召养由基,与之两矢,使射吕锜,中项,伏弢(tāo韬)。以一矢复命。

郤至三遇楚子之卒。见楚子,必下,免胄而趋风。楚子使工尹襄问之以弓[25],曰:"方事之殷也,有韎韦之跗注,君子也。识见不穀而趋,无乃伤乎?"郤至见客,免胄承命,曰:"君之外臣至从寡君之戎事,以君之灵,间蒙甲胄,不敢拜命[26]。敢告不宁,君命之辱。为事之故,敢肃使者[27]。"三肃使者而退。

晋韩厥从郑伯,其御杜溷罗曰:"速从之!其御屡顾,不在马,可及也。"韩厥曰:"不可以再辱国君[28]。"乃止。郤至从郑伯,其右茀翰胡曰:"谍辂之。余从之乘,而俘以下。"郤至曰:"伤国君有刑。"亦止。石首曰:"卫懿公唯不去其旗,是以败于荧。"乃内旌于弢中。唐苟谓石首曰:"子在君侧,败者壹大[29]。我不如子,子以君免,我请止。"乃死。

楚师薄于险。叔山冉谓养由基曰:"虽有君命,为国故,子必射。"乃射,再发,尽殪。叔山冉搏人以投,中车,折轼。晋师乃止。囚楚公子茷。

栾针见子重之旌,请曰:"楚人谓夫旌,子重之麾也,彼其子重也。曰臣之使于楚也,子重问晋国之勇。臣对曰:'好以众整。'曰:'又何如?'臣对曰:'好以暇。'今两国治戎,行人不使,不可谓整;临事而食言,不可谓暇。请摄饮焉。"公许之。使行人执榼承饮,造于子重。曰:"寡君乏使,使针御持矛,是以不得犒从者,使某摄饮。"子重曰:"夫子尝与吾言于楚[30],必是故也。不亦识乎?"受而饮之,免使者而复鼓。

旦而战,见星未已。子反命军吏察夷伤,补卒乘,缮甲兵,展车马,鸡鸣而食,唯命是听。晋人患之。苗贲皇徇曰:"搜乘补卒,秣马利兵,修阵固列,蓐食申祷,明日复战!"乃逸楚囚[31]。王闻之,召子反谋。穀阳竖献饮于子反,子反醉而不能见。王曰:"天败楚也夫!余不可以待。"乃宵遁。

晋入楚军,三日谷。范文子立于戎马之前,曰:"君幼,诸臣不佞,何以及此?君其戒之!《周书》曰:'惟命不于常[32]。'有德之谓。"

楚师还,及瑕。王使谓子反曰:"先大夫之覆师徒者,君不在[33]。子无以为过,不穀之罪也。"子反再拜稽首曰:"君赐臣死,死且不朽。臣之卒实奔,臣之罪也。"子重使谓子反曰:"初陨师徒者,而亦闻之矣。盍图之?"对曰:"虽微先大夫有之,大夫命侧,侧敢不义?侧亡君师,敢忘其死?"王使止之,弗及而卒[34]。

注释

〔1〕这几句话的意思比较曲折。当时晋国的力量已经不如以前,厉公无道,执政的郤氏家族骄横,范文子(士燮)希望诸侯不再依附晋

国,以便使当政者有所激励,发愤图强,即近似于"多难兴邦"之意。

〔2〕栾武子:即栾书。下文的栾黡是他的儿子。

〔3〕荀偃:荀林父之孙,又称中行献子、中行伯。

〔4〕晋国在三军之外曾另立新军。新军主将是郤犨。郤至、郤锜、郤犨都是郤氏家族中的主要人物即所谓"三郤"。

〔5〕孟献子是鲁国贵族。晋国并不自恃强大而到鲁、卫请求出兵,争取同情和支援,所以孟献子认为能取胜。

〔6〕道义是功利的标准。合于道义,功利才得以真正建立。

〔7〕见《周颂·思文》。

〔8〕时,时令。古人强调不失农时,当时正值早春,所以是"奸时"。

〔9〕姚句耳是郑国大夫。子驷是郑国的执政大臣。归,指回到郑国。

〔10〕鄢陵:即今河南鄢陵。当时在郑国境内。

〔11〕韩之战、邲之战均见本书。僖公三十三年殽之战以后,先轸在国君前失礼,不久在与狄人的作战中,先轸不穿甲胄闯入狄军,表示惩罚自己,被杀。荀伯,当指邲之战的晋军元帅荀林父。

〔12〕范匄:士燮的儿子士匄。趋,快步走,是卑者入见尊者的礼节。下文的"趋风",意义近似。

〔13〕行军作战,要凿井垒灶。楚军逼近晋军,晋军已无法再向前布阵,只能在营地上填平井灶而布阵。又把行列的距离放宽,以便于活动。襄公十四年荀偃准备作战,也发布过"塞井夷灶"的命令。

〔14〕士燮对这次战争消极,所以讨厌儿子出主意。

〔15〕二卿:指子反,子重。蛮:指楚军中助战的南方少数民族军队。晦:晦日,农历月终的一天。古人迷信,认为这一天作战不吉利。以上即所谓"六间"。

〔16〕伯州犁:晋国大夫伯宗之子。成公十五年,因为伯宗被杀而逃

亡到楚国,所以了解晋军的举动。

〔17〕苗贲皇:楚国大夫斗椒之子。宣公四年,斗椒造反,被镇压,子贲皇逃到晋国。此事距鄢陵之战已有三十年。

〔18〕"皆曰"的主语以及"国士"指什么人,注家说法不一。从上文连贯来看,当是伯州犁和苗贲皇提出了同样的建议。苗贲皇则更进一步提出了先击破左右军薄弱环节的战术。在襄公二十六年,这一战术还被蔡国的声子作为典型战例加以运用。

〔19〕按上文的记载,晋国出动上、中、下、新共四军。"四"字古文作"亖",或是形近而误为"三"。

〔20〕栾针:栾书的儿子。

〔21〕栾书是晋军主帅,如果战车装上晋厉公,自己就必须退为车右,不能指挥,抛弃职责,脱离部属。

〔22〕潘尫之党:即"潘尫之子党",这是一种特殊的称谓,有人推测可能当时名叫潘党的不止一个,所以加上父名以示区别。

〔23〕作为将领应当有勇有谋,仅有射箭的技术而且以此夸耀,就是"辱国"。

〔24〕吕锜:即邲之战中的魏锜,他和潘党已经交过手。

〔25〕问:在这里是赠送的意思。

〔26〕古礼,披甲的人不下拜,即后世小说中所说"甲胄在身,不能全礼"。

〔27〕肃:站立,合掌置于胸前,弯腰,近似于后来的作揖。

〔28〕齐、晋鞌之战,韩厥曾追赶齐顷公,俘虏了他的御者。

〔29〕这句话意义不明。有的研究者认为壹即专一,大指国君;有的研究者认为壹指国君,大即头等大事。二说大意相近。

〔30〕夫子:如同说"那一位"。古人避免直接提到对方的名字,表示尊敬。

〔31〕一方面公开号令,一方面放跑楚国俘虏,目的在于恫吓楚军,楚国果然中计。奇怪的是在两年以后,晋、楚两军在靡角之谷遭遇,晋国再一次使用这一心理战,竟然取得同样的效果。

〔32〕见《尚书·康诰》。

〔33〕指城濮之战,当时楚成王不在军中。先大夫指楚国统帅子玉,战败后楚成王迫使子玉自杀。

〔34〕《吕氏春秋·权勋》记载说楚共王杀了子反。《史记·楚世家》等所记与《吕氏春秋》同。

译文

晋厉公准备讨伐郑国,士燮说:"如果按照我的愿望来说,诸侯都背叛晋国,晋国才能得志。如果仅仅郑国背叛,晋国的忧患,会马上就到来的。"栾书说:"不能在我们这一辈执政的时候失去诸侯,一定要攻打郑国。"于是就发兵。栾书率领中军,士燮辅佐他;郤锜率领上军,荀偃辅佐他;韩厥率领下军;郤至作为新军辅佐。荀罃留守。郤犨去到卫国,后来到齐国,请求两国出兵。栾黡来我国请求出兵。孟献子说:"晋国可能取胜了。"戊寅日,晋军出发。

郑国人听到晋国出兵,派使者报告楚国,姚句耳陪同前往。楚共王救援郑国。司马子反率领中军,令尹子重率领左军,右尹子辛率领右军。路过申地,子反进见申叔时,说:"战争的结果将怎么样?"回答说:"德行、刑罚、和顺、道义、礼法、信用,这是战争的手段。德行用来施予恩惠,刑罚用来纠正邪恶,和顺用来奉事神灵,道义用来建立功利,礼法用来适合时宜,信用用来保持万物。人民生活丰厚然后德行得以端正,措置得当然后事情合于节度,顺应时宜然后万物生成。这样就能上下和睦,应对相处没有矛盾,有所需求无不具备,各人知道自己的行动准则。所以《诗》说:'安置百姓,无不合乎准则。'由于这样,神灵降福于他,四时没有灾害,百姓生活富足,齐心一致地听从,无不尽力以服从上面的命令,舍生忘死来弥补国家的缺失,这就是战争所以能够胜利的原因。现在楚国内部抛弃他的百姓,外部断绝它的友好;亵渎神圣的盟约,说过的话又反悔;违反时令发动战争,使百姓疲劳以满足私欲。百姓不知道什么是信用,进退都有罪过。人们忧虑自己的前途,还有谁肯捐生效死?您努力吧!我不会再看到您了。"姚句耳先回来,子驷询问情况,回答说:"他们行军快速,经过险要的地方不能整饬。快速就来不及思考;不能整饬就失去队列。思考来不及,队列丧失,凭什么作战?楚国恐怕不能依靠了。"

五月,晋军渡过黄河。听到楚军将要到达,士燮想要回去,说:"我们假装逃避楚军,这样就能缓和忧患。会合诸侯,不是我们所能做到的,把它留给有能力的人吧。我们如果群臣和睦来奉事国君,就很足够了。"栾书说:"不行。"

六月,晋、楚两军在鄢陵相遇。士燮不想作战。郤至说:"韩地的一战,惠公不能胜利归来;箕地的一役,先轸不能回国复命;邲地的一仗,荀伯不能再跟楚军周旋,这都是晋国的耻辱。您也见到过先君的事迹了。现在我们逃避楚军,这是再一次增加耻辱。"士燮说:"我们先君的屡次作战,是有原因的。秦国、狄人、齐国、楚国都很强大,不尽自己的力量,子孙将会削弱。现在三个强敌已经顺服了,对手仅仅是楚国而已。只有圣人才能外部内部都没有忧患。如果不是圣人,外部安定了,内部一定发生忧患,何不放开楚国让它作为外部的戒惧呢?"

甲午晦日,楚军在早晨逼近晋军而摆开阵势。晋国的军吏为此担心。范匄快步进入,说:"填井平灶,就在军营中摆开阵势,把行列间距离放宽。晋、楚两国都出于上天的安排,又担心什么?"士燮拿起戈来赶他,说:"国家的存亡,这是天意,小孩子知道什么?"栾书说:"楚军不稳重,加固营垒等着他们,三天一定退走。乘他们退走时出击,一定可以获胜的。"郤至说:"楚国有六个间隙,不能放过。他们两个卿互相排挤,国君的亲兵从旧贵族中选拔,郑国虽然摆开阵势而不整齐,蛮族的军队摆不成阵势,布阵作战不避开晦日,士兵在阵中喧闹。两军遭遇后喧哗更甚,都各谋退路,没有战斗意志。旧贵族出身的士兵不一定精良,晦日出兵犯上天之忌,我们一定能够战胜他们。"

楚共王登上楼车,瞭望晋军。子重派太宰伯州犁侍立在楚王身后。楚共王说:"战车向左右驰骋,为什么?"说:"这是召集军吏。""都聚集在中军中了。"说:"这是一起谋划。""帐幕张开了。"说:"这是在先君的神位前虔诚地占卜。""撤掉帐幕了。"说:"这是将要发布命令了。""喧闹得很厉害,而且尘土扬起来了。"说:"这是准备填井平灶而摆开行列了。""都上了战车了,将士和车右拿着武器下来了。"说:"这是听取誓师的号令。""作战吗?"说:"还不能知道。""上了战车,将士和车右又都下来了。"说:"这是战前的祈祷。"伯州犁把晋厉公亲兵的情况报告楚共王。苗贲皇在晋厉公旁边,也把楚共王亲兵的情况报告晋厉公。两人都说:"亲兵中多国中的杰出人物,而且力量雄厚,不能正面迎战。"苗贲皇对晋厉公说:"楚国的精兵,在于他们中军的王族而已。请把精锐分兵攻击他们的左右军,然后三军集中攻击中军王族,一定可以把他们打得大败。"晋厉公占筮,太史说:"吉利。得到《复》,卦辞说:'南方的国家削弱,射他们的国王,一箭中目。'国家削弱,国王受伤,不失败还等待什么?"晋厉公听从了。

有泥沼在前头,晋军都或左或右地避开泥沼。步毅驾驭晋厉公的战车,栾针作为车右。彭名驾驭楚共王的战车,潘党作为车右。石首驾驭郑成公的战车,唐苟作为车右。栾氏、范氏率领他们的家族部队左右簇拥晋厉公前进。战车陷在泥沼里,栾书准备在自己的车上装载晋厉公。栾针说:"书退下去!国家有许多重要任务,你哪能一人包办?而且侵犯别人的职权,这是冒犯;抛弃本身的职责,这是轻慢;脱离自己的部属,这是违法。有三条罪状在那里,不能触犯的。"于是就掀起晋厉公的战车推出泥沼。

癸巳日,潘尪的儿子党和养由基把皮甲叠在一起用箭去射,穿透了七层。拿给楚共王看,说:"君主有这样技艺的两个臣下,对战斗还有什么可担心的?"楚共王发怒说:"真丢国家的脸!明天早晨,你们要射箭就会死在这上边!"吕锜做梦射月亮,射中,自己却退进泥里。占卜,说:"姬姓,是太阳;异姓,是月亮,这一定是楚王了。射中月亮,自己又退进泥里,也一定会战死了。"等到仗打起来,吕锜箭射楚共王正中眼睛。楚共王召来养由基,给他两枝箭,让他去射吕锜,一箭射中咽喉,吕锜伏在弓套上死了。养由基拿着剩下的一枝箭回去复命。

郤至三次碰到楚共王的部队。见到楚共王,一定下车,脱下头盔,快步而走。楚共王派工尹襄送上一张弓,说:"正当战事激烈的时候,有一位身穿红色军服的人,是君子啊。刚才见到不穀而快走,恐怕是受伤了吧?"郤至见到楚国客人,脱下头盔接受命令,说:"君王的外臣至跟随寡君作战,托君王的福,得以披甲作战,不敢拜谢命令。谨向君王报告没有受伤,感谢君王的慰问。由于战事的缘故,谨向使者肃拜。"三次肃拜使者以后才退走。

晋国的韩厥追赶郑成公,他的御者杜溷罗说:"赶快追上去!他的御者屡次回顾,心不在马,可以赶上的。"韩厥说:"不能再一次羞辱国君。"就停止追赶。郤至追赶郑成公,他的车右茀翰胡说:"派轻车绕道拦击,我追上去,把他抓下来。"郤至说:"伤害国君要受到刑罚。"也停止追赶。石首说:"卫懿公就是由于不去掉表示身份的旗帜,所以才在荧地战败。"于是就把旗帜放进弓袋里。唐苟对石首说:"您在国君旁边,战败者应该一心保护国君。我能力不如您,您带着国君逃走,我请求留下。"于是就战死了。

楚军在险阻的地方为晋军所迫。叔山冉对养由基说:"虽然国君有过命令,为了国家的缘故,您一定要放箭。"于是就射向晋军,两发射死两人。叔山冉捉住晋国人扔过去,扔中战车,折断了车前横木。晋军这才停止追赶。俘获了楚国的公子茷。

栾针见到子重的旌旗,向晋厉公请求说:"楚国人说那面旌旗是子重的旌旗,子重大约就在那里吧。以前下臣出使楚国的时候,子重问起晋国的勇武所在。下臣回答说:'喜好部队的严整周密。'子重说:'还有什么?'下臣回答说:'喜好从容不迫。'现在两国交兵,不派遣使者,不能说是严整周密;遇上事情而说话不算,不能说是从容不迫。请派人代我向子重敬酒。"晋厉公答应了,派使者拿着食盒装上酒,到了子重那里,说:"寡君的使者不足,让针执矛侍立,因此不能来犒赏您的随从,派我前来送酒。"子重说:"那一位曾经在楚国对我说过(好整以暇),一定是这个原因。现在不也记起来了吗?"接过酒来喝了,放回使者而重新击鼓。

早晨开始作战,见了星星还没有结束。子反命令军吏查看伤情,补充步卒骑兵,修理盔甲武器,排列战车马匹,鸡叫的时候吃饭,坚决服从命令。晋国人为此担心。苗贲皇通告全军说:"检阅战车补充士卒,喂好马匹磨快武器,整顿军阵巩固行列,饱餐一顿重新祷告,明天再战!"就故意让楚军俘虏逃走。楚共王听到这些情况,召见子反商量。榖阳竖献酒给子反,子反喝醉了不能进见。楚共王说:"上天让楚国失败啊!我不能等待失败。"于是就趁夜里逃走了。

晋军进入楚军营垒,吃了三天楚军的粮食。士燮站在晋厉公战车的马前说:"君主年幼,臣下们不才,怎么能得到这个结果?君主要警惕啊!《周书》说:'天命不会常在不变。'这是说有德的人(才能享有天命)。"

楚军回去,到达瑕地。楚共王派人对子反说:"先大夫让军队覆没,当时国君不在军中。您不要把这次战败看成是过错,这是不穀的罪过。"子反再拜叩头说:"君主赐下臣一死,死而不朽。下臣的部队确实溃逃,这是下臣的罪过。"子重派人对子反说:"当初丢掉部队的人,(他的结果)你也听到过了。何不考虑一下?"回答说:"即使没有先大夫的先例,大夫命令侧考虑,侧岂敢不义偷生?侧丢掉了君主的军队,岂敢忘记一死?"楚共王派人阻止他,没有赶到已经自杀了。

祁奚举贤(襄公三年)

这一段故事在先秦和汉代非常流行,又见于《韩非子》《吕氏春秋》《韩诗外传》等书,但推荐者和被推荐者的名字却有不同。也许正是人们对这种"外举不弃雠,内举不失亲"(襄公二十一年叔向语)的举贤原则感兴趣,得鱼忘筌,存大略小,故事的轮廓并无差异,而主人公却给弄混了。

祁奚请老[1],晋侯问嗣焉。称解狐,其雠也,将立之而卒。又问焉,对曰:"午也可[2]。"于是羊舌职死矣[3],晋侯曰:"孰可以代之?"对曰:"赤也可。"于是使祁午为中军尉,羊舌赤佐之。

君子谓祁奚"于是能举善矣。称其雠不为谄,立其子不为比;举其偏不为党。《商书》曰:'无偏无党,王道荡荡[4]。'其祁奚之谓矣。解狐得举,祁午得位,伯华得官,建一官而三物成,能举善也。夫唯善,故能举其类。《诗》云:'惟其有之,是以似之[5]。'祁奚有焉"。

注释

〔1〕祁奚:晋国大夫。

〔2〕午:祁奚之子。

〔3〕羊舌职:祁奚任中军尉,羊舌职是他的副手。赤是羊舌职的儿子,字伯华。

〔4〕见《尚书·洪范》。

〔5〕见《小雅·裳裳者华》。

译文

祁奚请求告老退休,晋悼公问他接替的人选。他称道解狐,这是他的仇人。正要任命时解狐死了。又问祁奚,回答说:"午这个人可以。"当时羊舌职死了,晋悼公问:"谁可以接替他?"祁奚回答说:"赤这个人可以。"由于这样就派祁午任中军尉,羊舌赤辅佐他。

君子评论祁奚"认为能够推举有德者。称道他的仇人不是谄媚,任命他的儿子不是偏私,推举他的副手不是勾结。《商书》说:'不偏私不结党,君王之道浩浩荡荡。'这恐怕就是说的祁奚了。解狐能被推举,祁午能被安排,羊舌赤能有官位,确定一个官员而成就三件事,这是由于能够推举有德者的缘故。唯其有德行,所以能推举同类的人。《诗》说:'正因为具有美德,所以被推举的人和他相似。'祁奚就是这样的"。

魏绛戮扬干（襄公三年）

魏绛是晋国后期的优秀人物，本篇记载他执法不阿，表现了他的品质，下一篇"论和戎"，则表现他的政治识见。在"刑不上大夫"的春秋时代，尽管魏绛不过杀了国君兄弟的御者，这样的事例总是不多见的。晋悼公是晋文公的玄孙，这一年才十八岁。破格提升和后来重赏魏绛（襄公十一年）的事实，说明了他之成为文公以后晋国最有成就的君主并非偶然。

晋侯之弟扬干乱行于曲梁，魏绛戮其仆[1]。晋侯怒，谓羊舌赤曰："合诸侯，以为荣也。扬干为戮，何辱如之？必杀魏绛，无失也。"对曰："绛无贰志，事君不辟难，有罪不逃刑，其将来辞，何辱命焉？"言终，魏绛至，授仆人书，将伏剑，士鲂、张老止之。公读其书，曰："日君乏使，使臣斯司马。臣闻'师众以顺为武，军事有死无犯为敬'。君合诸侯，臣敢不敬？君师不武，执事不敬，罪莫大焉。臣惧其死，以及扬干，无所逃罪。不能致训，至于用钺，臣之罪重，敢有不从以怒君心？请归死于司寇[2]。"公跣而出，曰："寡人之言，亲爱也；

吾子之讨,军礼也。寡人有弟,弗能教训,使干大命,寡人之过也。子无重寡人之过。敢以为请。"

晋侯以魏绛为能以刑佐民矣,反役,与之礼食,使佐新军。张老为中军司马,士富为候奄[3]。

注释

〔1〕当时晋悼公正在鸡泽和诸侯会盟。会盟时诸侯都有军队随行,扬干坐车扰乱了军队的行列。魏绛是晋军司马,执行军法,因扬干是晋悼公之弟,不能处分,所以杀了他的御者。戮有两义,在这里是杀的意思,下文"扬干为戮",则是侮辱的意思。

〔2〕司寇:国家的司法官。

〔3〕张老原来是候奄,升为司马;士富升为候奄。候奄,军中负责侦察的官员。

译文

晋悼公的兄弟扬干在曲梁扰乱军队的行列。魏绛杀了他的御者。晋悼公发怒,对羊舌赤说:"会合诸侯,是以此为光荣的。扬干受到侮辱,还有什么侮辱比得上这个?一定要杀魏绛,不要耽误了。"回答说:"魏绛没有三心二意,事奉国君不逃避危难,有了罪过不逃避惩罚,恐怕会来辩解的,何必劳动君主下命令呢?"话刚说完,魏绛来到,把一封信交给仆人,准备用剑自杀。士鲂、张老劝阻。晋悼公读他的信,信上说:"以往君主缺乏使唤的人,让下臣担任司马。下臣听说'军队把服从军纪作为勇武,战争中宁死不违反军纪就是恭敬'。君主会合诸侯,臣下们岂敢不敬?君主的军队不勇武,办事的人不恭敬,没有比这再大的罪过了。下臣害怕不执行军纪而死,因此罚及扬干,罪无可逃。不能及早教导,以至于动用刑罚,下臣的罪过深重,难道敢不服从惩罚以激怒君主?请让我回去死在司寇那里。"晋悼公顾不上穿鞋就走出来,说:"寡人的话,是兄弟间的亲爱;大夫的诛戮,是军中的制度。寡人有兄弟,没有能教导他,让他触犯了军令,这是寡人的过错。您不要加重寡人的过错,谨以此作为请求。"

晋悼公认为魏绛能够用刑罚来治理百姓了,盟会完了回国,在太庙赐宴,派他为新军副帅。张老做了中军司马,士富做了候奄。

魏绛论和戎(襄公四年)

春秋时代,中原诸国对周围民族普遍采取轻视的态度,魏绛自不例外,但他能提出"和戎"的主张,无疑是明智而可贵的。据《国语·晋语》记载,和戎之后,晋国"于是乎始复霸"。

魏绛的陈述中着重提到了有穷后羿的历史教训。后羿是古代传说中的"知名人士",有关记载中,其形象好恶不同。春秋时代多以他的传说作为鉴戒,哀公元年伍子胥谏夫差就是一例。魏绛引用这个例子尽管意在劝说悼公不要沉迷于田猎,不要轻易发动战争,但和中心论点究竟距离过远,形成了轻重失调的缺点。

无终子嘉父使孟乐如晋,因魏庄子纳虎豹之皮,以请和诸戎[1]。晋侯曰:"戎狄无亲而贪[2],不如伐之。"魏绛曰:"诸侯新服,陈新来和,将观于我。我德则睦,否则携贰。劳师于戎,而楚伐陈,必弗能救,是弃陈也,诸华必叛。戎,禽兽也,获戎失华,无乃不可乎!《夏训》有之曰:'有穷后羿——'"[3]公曰:"后羿何如?"对曰:"昔有夏之方衰也,后羿自鉏迁于穷石,因夏民以代夏政。恃其射也,不修民事,而淫于原兽,弃武罗、伯因、熊髡(kūn 坤)、尨圉(páng yǔ 旁语),而用寒浞。寒浞,伯明氏之谗子弟也,伯明后寒弃之[4],夷羿收之,信而使之,以为己相。浞行媚于内,而施赂于外,愚弄其民,而虞羿于田,树之诈慝以取其国家,外内咸服。羿犹不悛,将归自田,家众杀而亨(同'烹')之,以食其子。其子不忍食诸,死于穷门。靡奔有鬲氏[5]。浞因羿室,生浇(ào 傲)及豷(yì 易),恃其谗慝诈伪,而不德于民。使浇用师灭斟灌及斟寻氏。处浇于过,处豷于戈。靡自有鬲氏收二国之烬,以灭浞而立少康[6]。少康灭浇于过,后杼灭豷于戈[7],有穷由是遂亡,失人故也。昔周辛甲之为大史也,命百官,官箴王阙。于《虞人之箴》曰[8]:'芒芒禹迹,画为九州,经启九道。民有寝庙,兽有茂草。各有攸处,德用不扰。在帝夷羿,冒于原兽,忘其国恤,而思其麀(yōu 忧)牡。武不可重,用不恢于夏家。兽臣司原,敢告仆夫。'《虞箴》如是,可不惩乎?"于是晋侯好田,故魏绛及之。

公曰:"然则莫如和戎乎?"对曰:"和戎有五利焉。戎狄荐居,贵货易土,土可贾焉,一也。边鄙不耸,民狎其野,穑人成功,二也。戎狄事晋,四邻振动,诸侯威怀,三也。以德绥戎,师徒不勤,甲兵不顿,四也。鉴于后羿,而用德度,远至迩安,五也。君其图之。"

公说,使魏绛盟诸戎。修民事,田以时。

注释

〔1〕无终:北方民族山戎建立的国家,当时中原以外的民族首领在

《左传》中都称"子"。魏庄子:即魏绛。

〔2〕无亲:意思说戎人文化水平低,不能辨别亲疏好恶。

〔3〕"有穷后羿"这句话没有说完,魏绛突然停顿不说,类似后世所说的卖关子,以引起注意。以下是传说中的古史。后羿,又称夷羿。

〔4〕后,君主。寒,部落名。"伯明后寒"可能是保留了古史传说中原来的称呼,意思是"寒后伯明"。

〔5〕靡,夏朝的大臣。有鬲氏和下文的斟灌氏、斟寻氏,都是当时的部落。

〔6〕少康:夏朝国君帝相之子。后羿杀帝相,少康的母亲逃亡到娘家有仍氏,生下遗腹子少康。少康重建夏朝,史称"少康中兴"。

〔7〕后杼:少康之子。

〔8〕虞人是主管田猎的官员。《虞人之箴》就是虞人受命而作的规劝。下文"兽臣"即虞人的自称。

译文

无终子嘉父派孟乐去到晋国,通过魏绛奉献虎豹的皮革,用来请求晋国和各部戎人媾和。晋悼公说:"戎狄没有亲近的人而且贪婪,不如攻打他们。"魏绛说:"诸侯新近顺服,陈国新近前来媾和,都在观察我们。我们有德就亲近,不这样就背离。为戎人劳动军队,要是楚国攻打陈国,一定无法救援,这是抛弃陈国,中原各国一定会背叛。戎人,不过是禽兽,得到戎人而失掉中原,恐怕不行吧!《夏训》有这样的话:'有穷的后羿——'"晋悼公说:"后羿怎么样?"回答说:"从前夏朝刚刚衰落的时候,后羿从鉏地迁到穷石,利用夏朝的百姓取代了夏朝。仗着自己的善射,不致力于治理百姓,却沉溺于打猎,抛弃武罗、伯因、熊髡、龙圉等贤臣而任用寒浞。寒浞,是伯明氏的奸诈子弟,伯明后寒抛弃了他,后羿收养了他,信任并且使用他,作为自己的帮手。寒浞在宫廷中献媚,在外边广施财物,愚弄他的百姓,而让后羿沉迷于打猎,施用奸诈邪恶来占取了后羿的国和家,里里外外都顺从归服。后羿还是不肯改悔,准备从打猎的地方回来,家奴把他杀了煮熟,给他的儿子吃。他的儿子不忍心吃,又被杀死在有穷的城门口。靡逃亡到有鬲氏。寒浞占有羿的妻妾,生子浇和豷,仗着他的奸邪诈伪,对百姓不施恩德,派浇用兵灭亡了斟灌氏和斟寻氏。让浇住在过地,让豷住在戈地。靡从有鬲氏收集两国的遗民,用以灭亡寒浞而立了少康。少康在过地灭了浇,后杼在戈地灭了豷,有穷从此就亡了,这是失去了贤人的缘故。从前周朝的辛甲做太史的时候,命令百官,每人都要告诫天子的过失。在《虞人之箴》里说:'茫茫的夏禹遗迹,划分为九州,开通了一条条大道。百姓有居住的房屋,野兽有丰茂的青草。各有各的住处,合于道德互不干扰。身居帝位的夷羿,贪恋在平原上打猎,忘了国家的忧患,想着他的走兽飞鸟。武事不能反复使用,所以他曾占有夏朝却不能扩大。兽臣主管打猎,谨以此向君王的左右报告。'《虞箴》是这样,难道能不警惕吗?"当时晋悼公喜欢打猎,所以魏绛提到这件事。

晋悼公说:"那么就没有比跟戎人媾和更好的办法了吗?"回答说:"跟戎人媾和有五种利益。戎狄逐水草而居,重财货而轻土地,土地可以购买,这是一。边境不再要戒备,百姓习惯于边地的生活,农民能够顺利耕种收获,这是二。戎狄事奉晋国,四方的邻国震动,诸侯为我们威慑感化,这是三。用德行安抚戎人,将士不辛劳,武器不损伤,这是四。有鉴于后羿的教训,而运用道德法度,远国来朝近国心安,这是五。君主还是考虑一下。"

晋悼公很高兴,派遣魏绛跟各部戎人结盟。致力于治理百姓,打猎不违时令。

晋灭偪阳（襄公十年）

　　这一段文字是对鲁国三勇士的速写，孟堇父登城的情节尤其富有戏剧性。《左传》在这些方面的描写往往最见精彩，所以有人据此而认为作者应当是一个精通军事的人。荀䓨责骂二帅的语言，也很有个性。至于向戌，他在襄公二十七年的弭兵之会中还将大显身手，这一回辞封不受，见出他在政治上是一位老手。

　　晋荀偃、士匄请伐偪阳，而封向戌焉[1]。荀䓨曰[2]："城小而固，胜之不武，弗胜为笑。"固请，丙寅，围之，弗克。孟氏之臣秦堇父辇重如役[3]。偪阳人启门，诸侯之士门焉。县门发，郰(zōu邹)人纥抉之[4]，以出门者。狄虒(sī司)弥建大车之轮[5]，而蒙之以甲，以为橹。左执之，右拔戟，以成一队。孟献子曰："《诗》所谓'有力如虎'者也[6]。"主人县（同"悬"）布，堇父登之，及堞而绝之，队（同"坠"），则又县之，苏而复上者三。主人辞焉，乃退，带其断以徇于军三日。

　　诸侯之师久于偪阳，荀偃、士匄请于荀䓨曰："水潦将降，惧不能归，请班师。"知伯怒，投之以机，出于其间，曰："女成二事[7],而后告余。余恐乱命,以不女违。女既勤君而兴诸侯,牵帅老夫以至于此,既无武守,而又欲易余罪,曰:'是实班师,不然克矣。'余羸老也,可重任乎?七日不克,必尔乎取之[8]!"五月庚寅,荀偃、士匄帅卒攻偪阳,亲受矢石。甲午,灭之。书曰"遂灭偪阳",言自会也。

以与向戌。向戌辞曰:"君若犹辱镇抚宋国,而以偪阳光启寡君,群臣安矣,其何贶如之!若专赐臣,是臣兴诸侯以自封也,其何罪大焉!敢以死请。"乃予宋公。

注释

〔1〕偪阳,小国名,在今山东枣庄市峄城区境。向戌,宋国大夫,又称合左师。宋国一贯归附晋国,所以晋国的荀偃等想夺偪阳送给向戌使他进一步附晋。

〔2〕荀䓨,也称知䓨、知伯,当时是晋国的中军主帅。上文的荀偃是上军主帅,士匄是中军副帅。

〔3〕孟氏指孟献子,鲁国贵族。攻打偪阳是在吴国的相地盟会后,参与盟会的除晋国外,有鲁、宋、卫、曹、邾、滕、薛、杞、齐等诸侯国,所以鲁国也参与作战。

〔4〕纥,即叔梁纥,鲁国人,孔子之父。郰,一作鄹,在今山东曲阜市境。

〔5〕狄虒弥也是鲁国人。大车是平地的载重车,大于一般的战车。

〔6〕见《邶风·简兮》。

〔7〕二事指攻偪阳、封向戌。意思是这两件事是荀偃等自己提出的,才有这次战役。

〔8〕尔乎取之:意义同于"于尔取之",直译是在你们那里取得偪

阳,意即要你们两个人去承担罪责。

译文

　　晋国的荀偃、士匄请求攻打偪阳,把它作为向戌的封邑。荀䓨说:"偪阳城小却坚固,战胜它不算勇敢,不胜被它讥笑。"荀偃等坚决请求,丙寅日,包围偪阳,不能攻克。孟氏的家臣秦堇父拉着辎重车到达战地。偪阳人打开城门,诸侯的将士乘机进攻。内城的闸门落下,鄹地的长官纥双手举门,让攻入城内的将士出来。狄虒弥把大车的轮子立着,蒙上皮甲作为盾牌。左手拿轮,右手拔戟,领兵单成一队。孟献子说:"这就是《诗》所说的'像老虎一样有力量'啊。"偪阳的守城人从城上挂下一幅布,秦堇父拉着布登城,刚到女墙布被割断,人掉下来,守城人又挂布,苏醒过来又上去,这样一共三次。守城人向他致意,(不再挂布,)这才退回本队,身上束着割断的布在军中游行三天。

　　诸侯的军队在偪阳久了,荀偃、士匄告诉荀䓨说:"雨水快来了,恐怕回不去,请求退兵。"荀䓨发怒,把弩机扔过去,从他们两人中间飞过,说:"你们把两件事办成了,然后再来和我说话。我恐怕扰乱军令,所以没有反对你们攻打偪阳。你们已经劳动国君而发动了诸侯的军队,牵着我老头子来到这里,既不坚持进攻,又想把罪名安在我头上,说:'都是由于发令退兵,不这样就攻下来了。'我又弱又老,还担得起这样重的罪责吗?七天攻不下来,一定要你们的脑袋!"五月庚寅日,荀偃、士匄率领步兵攻打偪阳,亲自蒙受箭和石块的危险。甲午日,灭亡偪阳。《春秋》记载说"遂灭偪阳",是说灭偪阳是从相地盟会以后就发兵的。

把偪阳给向戌。向戌辞谢说:"如果还蒙君主安抚宋国,而用偪阳来扩大寡君的疆土,下臣们就安心了,还有什么比得上这样的馈赠呢?如果专门赐给下臣,这就等于下臣发动诸侯的军队而为自己求封了,还有什么罪比这再大呢?谨以一死来请求。"于是就把偪阳给了宋平公。

晋士匄听讼（襄公十年）

周王朝的两个辅政大臣发生了争讼，由晋国的士匄来做仲裁。王叔陈生方面提出出身微贱的人不能陵驾于贵族之上，这条理由在等级森严的春秋社会里是名正言顺的，因为"贱妨贵"乃是"六逆"的第一条。伯舆方面的反驳，首先说明本家族对周王室有功，然后才抨击王叔的政治措施。士匄的判决以及对王叔的安排，表现了晋国作为霸主安定王室的作用。

王叔陈生与伯舆争政[1]，王右伯舆。王叔陈生怒而出奔。及河，王复之，杀史狡以说（同"悦"）焉。不入，遂处之。晋侯使士匄平王室，王叔与伯舆讼焉。王叔之宰与伯舆之大夫瑕禽坐狱于王庭，士匄听之[2]。王叔之宰曰："筚门闺窦之人而皆陵其上，其难为上矣。"瑕禽曰："昔平王东迁，吾七姓从王，牲用备具[3]，王赖之，而赐之骍旄之盟，曰：'世世无失职。'若筚门闺窦，其能来东底乎？且王何赖焉？今自王叔之相也，政以贿成，而刑放于宠，官之师旅[4]，不胜其富，——吾能无筚门闺窦乎？唯大国图之。下而无直，则何谓正矣?"范宣子曰:"天子所右,寡君亦右之;所左,亦左之[5]。"使王叔氏与伯舆合要,王叔氏不能举其契。王叔奔晋[6],不书,不告也。单靖公为卿士以相王室。

注释

〔1〕周天子有卿士辅政。王叔陈生和伯舆都是卿士。王叔是王族,所以下文提出贵族身份。

〔2〕周室或诸侯国的贵族大臣争讼,往往由另一国的大臣作为仲裁人。由于此次争讼双方地位高,所以都派代理人出席辩论。

〔3〕周平王被犬戎所迫,东迁时有王室外的七姓家族追随,伯舆之祖是七姓之一。

〔4〕师旅:《周礼·宰夫》中有八种官职,其中包括师和旅。这里泛指官员。

〔5〕实际上士匄明知伯舆理直,抬出周天子,是一种尊重天子的说法。

〔6〕王叔所以能去晋国,自当出于士匄的安排。

译文

王叔陈生和伯舆争夺执政权,周天子支持伯舆。王叔陈生一怒而逃亡。到达黄河边上,周天子让他回去,杀了史狡来使他高兴。他还是不回成周,就住在黄河边上。晋悼公派遣士匄调解王室的纠纷,王叔和伯舆争论曲直。王叔的家臣首领和伯舆手下的大夫瑕禽在天子朝廷上陈诉,士匄为他们断决。王叔的家臣首领说:"蓬门小户的人都陵驾于他尊长的头上,尊长就很难处了。"瑕禽说:"从前平王东迁,我们七姓人家跟随天子,牲口用品全部准备好,天子依靠它们奠定功业,因而赐给我们用赤牛祭祀的盟约,说:'世世代代不要失职。'如果是蓬门小户,能到东方来安家吗?而且天子为什么要依靠呢?现在自从王叔辅助天子以后,政事全凭贿赂,刑律出于宠臣的喜怒,官员中的师和旅,钱多得花不完,——我们能不变成蓬门小户吗?请大国考虑。地位低的人就是没有理,那什么叫公正呢?"士匄说:"天子所支持的,寡君也支持他;天子所不支持的,寡君也不支持他。"就让王叔和伯舆核实讼辞,王叔不能举出证据。王叔逃亡到晋国,《春秋》不加记载,是因为没有前来报告的缘故。单靖公做了卿士以辅助王室。

驹支不屈于晋(襄公十四年)

晋国为了拒绝吴国提出的支援要求,又寻找借口责备戎人,以求树立正在失去的威信。戎子驹支并没有被慑服,而是据理反驳,辞令委婉而严正,所以即使如《古文观止》,也不以"戎狄"为嫌而选入了这一段文章。捕鹿的比喻很新鲜,后来《史记·淮阴侯列传》《汉书·蒯通传》都有"秦失其鹿而天下共逐之"的话,可能是从这里受到的启发。

十四年春,吴告败于晋[1]。会于向[2],为吴谋楚故也。范宣子数吴之不德也,以退吴人。

执莒公子务娄,以其通楚使也。将执戎子驹支,范宣子亲数诸朝,曰:"来!姜戎氏!昔秦人追逐乃祖吾离于瓜州[3],乃祖吾离被苫盖、蒙荆棘以来归我先君。我先君惠公有不腆之田,与女剖分而食之。今诸侯之事我寡君不如昔者,盖言语漏泄,则职女之由。诘朝之事,尔无与焉。与,将执女。"对曰:"昔秦人负恃其众,贪于土地,逐我诸戎。惠公蠲(juān 捐)其大德,谓我诸戎,是四岳之苗裔也,毋是翦弃。赐我南鄙之田,狐狸所居,豺狼所嗥。我诸戎除翦其荆棘,驱其狐狸豺狼,以为先君不侵不叛之臣,至于今不贰。昔文公与秦伐郑,秦人窃与郑盟,而舍戍焉,于是乎有殽之师[4]。晋御其上,戎亢其下,秦师不复,我诸戎实然。譬如捕鹿,晋人角之,诸戎掎(jī 肌)之,与晋踣之。戎何以不免?自是以来,晋之百役,与我诸戎相继于时,以从执政,犹殽志也,岂敢离逖(tì 惕)?今官之师旅无乃实有所阙[5],以携诸侯,而罪我诸戎!我诸戎饮食衣服不与华同,贽币不通,言语不达,何恶之能为?不与于会,亦无瞢(méng 朦)焉。"赋《青蝇》而退[6]。宣子辞焉,使即事于会,成恺悌也。

注释

〔1〕襄公十三年,吴、楚发生战争,楚国在子庚、养由基的指挥下击败吴军。

〔2〕向:吴地。在今安徽怀远县境。这次会见当是由于吴国的请求而举行的。吴国在寿梦时代和中原诸国开始发生关系,向之会距寿梦之死仅二年。

〔3〕瓜州:今甘肃敦煌一带。姜戎世居瓜州。

〔4〕参见本书《烛之武退秦师》《秦晋殽之战》。殽之战,戎人参加晋军作战。

〔5〕这是委婉的辞令,实际上是当面批评晋国的执政官员。

〔6〕《青蝇》:《小雅》中的一篇,诗中说"恺悌君子,无信谗言",所以下文说范宣子"成恺悌也"。

译文

襄公十四年春季,吴国向晋国报告战败。(晋、鲁、齐、宋、卫、郑、莒等国和吴国)在向地会见,这是为吴国策划攻打楚国的缘故。范宣子责备吴国人没有德行,以此拒绝吴国人。

拘囚了莒国的公子务娄,因为他的使者和楚国来往。准备拘囚戎子驹支,范宣子亲自在朝会上责备他,说:"过来!姜戎氏!从前秦国人去瓜州追赶你的祖父吾离,你的祖父吾离身穿草木皮、越过荆棘前来归附我们先君。我们先君惠公只有贫瘠的土地,还分一部分养活你们。现在诸侯事奉我们寡君不如从前,这是因为说话泄露机密,应当是由于你的缘故。明天早晨的会见,你不要参加了。如果参加就要把你拘囚起来。"回答说:"从前秦国人仗着他们人多,贪求土地,驱逐我们各部戎人。惠公显示了他的重大德行,说我们各部戎人,都是四岳的后代,不能削弱抛弃。赐给我们南部边境的田地,那里是狐狸的巢穴,豺狼到处嗥叫。我们各部戎人砍伐那里的荆棘,驱逐那里的狐狸豺狼,成为先君不侵犯不背叛的臣下,直到如今没有三心二意。从前文公和秦国攻打郑国,秦国人偷偷地和郑国结盟,在郑国安排了戍守的军队,因此就有了殽地的战役。晋国在上边抵御,戎人在下边对抗,秦国的军队全部覆灭,实实在在是我们各部戎人造成的。譬如捕鹿,晋国人在前抓它的角,各部戎人在后拉它的脚,和晋国一起让它躺倒。戎人为什么不能免于责备?从这个时候以来,晋国的一切事务,我们和各部戎人都先后按时到达,服从命令,依然是殽地战役时的心意,哪里敢背离动摇?现在各部门的官员恐怕确实有些过错,以致诸侯离心离德,反倒来责罚我们各部戎人!我们各部戎人饮食衣服和中原不同,财货不相来往,言语不通,能做什么坏事呢?不参加会见,也没有什么丢人的。"赋了《青蝇》这首诗然后退下。范宣子表示歉意,让他参加会见的事务,体现了和睦友爱的君子风度。

师慧讽宋朝无人（襄公十五年）

本篇和以下五篇都是小故事。本篇中的故事是由郑国内乱引起的。襄公十年，由于在土地制度改革中失去既得利益的尉氏等五个家族发动内乱，杀死了执政的大臣子驷等人。叛乱失败后残余的叛党逃到宋国，所以就有了郑国用师茷、师慧作为财礼交换的事。春秋时代，乐师的地位低下，师慧所使用的讽刺方式即所谓"谲谏"。

郑尉氏、司氏之乱，其余盗在宋。郑人以子西、伯有、子产之故[1]，纳赂于宋以马四十乘与师茷、师慧。三月，公孙黑为质焉[2]。司城子罕以堵女父、尉翩、司齐与之[3]，良司臣而逸之，托诸季武子[4]，武子置诸卞。郑人醢之三人也。

师慧过宋朝，将私焉。其相曰："朝也。"慧曰："无人焉？"相曰："朝也，何故无人？"慧曰："必无人焉！若犹有人，岂其以千乘之相易淫乐之矇？[5]必无人焉故也。"子罕闻之，固请而归之。

注释

〔1〕子西、伯有、子产都是郑国大臣,他们的父亲都在襄公十年的内乱中被杀。

〔2〕公孙黑:子西的兄弟。

〔3〕司城子罕,姓乐,名喜。当时宋和郑都有子罕,名喜。宋国的子罕是司城。司城即司寇,宋国的执政大臣。堵女父等三人和下一句的司臣都是郑国的叛乱分子。

〔4〕季武子:季孙宿,鲁国的执政大臣。

〔5〕千乘之相指子产等人。宋国本来应该为了子产等人送回叛党,现在却为了两个乐师送回叛党,这就等于与子产等人交换乐师。

译文

郑国的尉氏、司氏之乱,遗留的叛党住在宋国。郑国人因为子西、伯有、子产的缘故,用马一百六十匹和师茷、师慧作为财礼送给宋国。三月,公孙黑到宋国作为人质。司城子罕把堵女父、尉翩、司齐交还郑国,认为司臣有才能而把他放走,托付给季武子,季武子把他安置在卞地。郑国人把这三个人剁成肉酱。

师慧走过宋国朝廷,准备小便。他的导引人说:"这里是朝廷。"师慧说:"没有人啊!"导引人说:"这里是朝廷,为什么没有人?"师慧说:"一定没有人啊!如果还有人,难道会拿拥有千乘战车的相国去交换演唱靡靡之音的盲人?这一定是由于没有人的缘故?"子罕听到了,坚决请求让师慧回国。

子罕以不贪为宝(襄公十五年)

这一段故事意义自明,无须多说。可以注意的是子罕的巧妙辞令和细心安排,都使人感到有亲切之感。

宋人或得玉,献诸子罕。子罕弗受。献玉者曰:"以示玉人,玉人以为宝也,故敢献之。"子罕曰:"我以不贪为宝,尔以玉为宝。若以与我,皆丧宝也,不若人有其宝。"稽首而告曰:"小人怀璧,不可以越乡[1]。纳此以请死也。"子罕置诸其里,使玉人为之攻之,富而后使复其所。

注释

〔1〕意思是身怀宝物,必定为盗贼所杀害。

译文

宋国有人得到美玉,献给子罕。子罕不接受。献玉的人说:"把它给玉工看过了,玉工认为是宝物,所以敢于奉献。"子罕说:"我把不贪心作为宝物,你把美玉作为宝物。

如果把它给了我,我们都丧失了宝物,不如各人保持自己的宝物。"献玉的人叩头告诉子罕说:"小人怀藏玉璧,不能穿越乡里,献上它是请求免于一死。"子罕把他安置在自己乡里,让玉工为他雕琢美玉,使他富有了然后让他回家去。

州绰争雄(襄公二十一年)

这段故事勾出了一些武士的精神面貌:国君把他们视为争斗的公鸡,他们也以禽兽自比,徒以勇力自诩,而对当时已经形成的伦理观念诸如人的自尊、忠君、死节等等,却比较淡薄。

知起、中行喜、州绰、邢蒯出奔齐,皆栾氏之党也[1]。乐王鲋谓范宣子曰:"盍反州绰、邢蒯? 勇士也。"宣子曰:"彼栾氏之勇也,余何获焉?"王鲋曰:"子为彼栾氏,乃亦子之勇也[2]。"

齐庄公朝,指殖绰、郭最曰:"是寡人之雄也[3]。"州绰曰:"君以为雄,谁敢不雄? 然臣不敏,平阴之役,先二子鸣[4]。"庄公为勇爵,殖绰、郭最欲与焉。州绰曰:"东闾之役,臣左骖迫,还于门中,识其枚数[5],其可以与于此乎?"公曰:"子为晋君也。"对曰:"臣为隶新,然二子者,譬如禽兽,臣食其肉而寝处其皮矣[6]。"

183

注释

〔1〕襄公二十一年,晋国发生动乱。范宣子即士匄排挤栾盈,诛杀依附栾盈的十个大夫,知起等四人幸免,逃亡到齐国。

〔2〕乐王鲋,晋国大夫,又称乐桓子。这句话的意思是劝范宣子像栾氏一样笼络州绰、邢蒯,这二人就可以为新主人出力。

〔3〕雄鸡好斗,比喻勇士。先秦时代还用斗鸡来比喻战争,有"战如斗鸡,胜者先鸣"的说法。

〔4〕襄公十八年,齐、晋在平阴作战,州殖生擒殖绰、郭最。下文州绰自夸的"东闾之役",即这一战役中的一次战斗。

〔5〕表示自己临危不惧、从容不迫。

〔6〕州绰以野兽中战胜者对战败者食肉寝皮作比,表示已经战胜过殖绰、郭最。

译文

知起、中行喜、州绰、邢蒯逃亡到齐国,他们都是栾氏的亲族。乐王鲋对范宣子说:"何不让州绰、邢蒯回来?他们是勇士啊。"范宣子说:"他们是栾氏的勇士,我能得到什么呢?"乐王鲋说:"您如果做他们的栾氏,那就是您的勇士了。"

齐庄公上朝,指着殖绰、郭最说:"这是寡人的大公鸡。"州绰说:"君主认为他们是大公鸡,谁敢不认为是大公鸡?然而下臣不才,在平阴战役中,比他们二位可是先打鸣。"齐庄公设置勇士专饮酒杯,殖绰、郭最要举杯喝酒。州绰说:"东闾战役中,下臣的左边骖马被逼迫,退回到城门里,下臣记下了门上的乳钉数字,是不是可以参与喝酒呢?"齐庄公说:

"您是为了晋君啊!"州绰回答说:"下臣充当您的奴才不久,然而这两位,如果用禽兽做比方,下臣已经吃了他们的肉而睡在他们的皮上了。"

穆叔倍御叔赋(襄公二十二年)

这段小故事,除去结尾,在《世说新语》中是《任诞》或《简傲》篇的好素材。可惜由于时尚不同,御叔却落了一个扫兴的结果,受到了《左传》中不多见的经济惩罚。

二十二年春,臧武仲如晋[1]。雨,过御叔[2]。御叔在其邑,将饮酒,曰:"焉用圣人[3]?我将饮酒,而己雨行,何以圣为?"穆叔闻之曰[4]:"不可使也,而傲使人,国之蠹也。"令倍其赋。

注释

〔1〕臧武仲:鲁国大夫。也称臧孙纥、臧纥。

〔2〕御叔的封邑为御邑,在今山东郓城县境,正在从鲁国国都到晋国的路上。

〔3〕圣人:通达而有预见的人。臧武仲在当时被称为圣人。

〔4〕穆叔:鲁国执政大臣。也称叔孙豹。

译文

　　襄公二十二年春季,臧武仲去到晋国。下雨,顺路探望御叔。御叔在自己的封邑里,准备喝酒,说:"何必做什么圣人?我准备喝酒,他却冒雨出行,要聪明通达干什么?"穆叔听到了,说:"他不配出使,反而对奉命出使的人骄傲,真是国家的蛀虫。"下令把他的赋税增加一倍。

鲁季氏、孟氏立嫡（襄公二十三年）

鲁国执政的季氏、孟氏家族由于立嫡而发生内部纠纷，作者把这一段头绪繁多的史实处理得精炼、紧凑，而且清楚。公鉏先以恭顺巩固了自己的地位，然后伺机报复。他在继承人的争夺中吃了臧纥的亏，又在同样的事件中以臧纥之道还治臧纥。臧纥在鲁国号称"圣人"，但从过去的一些作为以及介入季氏家族的立嫡争夺来看，似乎也未见高明，倒是"美疢不如恶石"的议论很能给人启发，引出了后世"良药苦口利于病"这一著名的比喻。

季武子无适（同"嫡"）子，公弥长，而爱悼子，欲立之[1]。访于申丰曰："弥与纥，吾皆爱之，欲择才焉而立之。"申丰趋退，归，尽室将行[2]。他日，又访焉。对曰："其然，将具敝车而行。"乃止。

访于臧纥。臧纥曰："饮我酒，吾为子立之。"季氏饮大夫酒，臧纥为客。既献，臧孙命北面重席[3]，新尊洁之。召悼子，降，逆之。大夫皆起。及旅，而召公鉏，使与之齿。季孙失色。

季氏以公鉏为马正,愠而不出。闵子马见之,曰:"子无然。祸福无门,唯人所召。为人子者,患不孝,不患无所。敬共(同'恭')父命,何常之有。若能孝敬,富倍季氏可也[4];奸回不轨,祸倍下民可也。"公鉏然之,敬共朝夕,恪守官次。季孙喜,使饮己酒,而以具往,尽舍旃(zhān 毡)[5]。故公鉏氏富,又出为公左宰。

孟孙恶臧孙[6],季孙爱之。孟氏之御驺丰点好羯也[7],曰:"从余言,必为孟孙[8]。"再三云,羯从之。孟庄子疾,丰点谓公鉏:"苟立羯,请雠臧氏[9]。"公鉏谓季孙曰:"孺子秩固其所也。若羯立,则季氏信有力于臧氏矣[10]。"弗应。己卯,孟孙卒。公鉏奉羯立于户侧。季孙至,入哭而出,曰:"秩焉在?"公鉏曰:"羯在此矣。"季孙曰:"孺子长。"公鉏曰:"何长之有,唯其才也。且夫子之命也[11]。"遂立羯,秩奔邾。

臧孙入哭,甚哀,多涕[12]。出,其御曰:"孟孙之恶子也,而哀如是?季孙若死,其若之何?"臧孙曰:"季孙之爱我,疾疢(chèn 趁)也;孟孙之恶我,药石也。美疢不如恶石[13]。夫石犹生我,疢之美,其毒滋多。孟孙死,吾亡无日矣。"孟氏闭门,告于季孙曰:"臧氏将为乱,不使我葬[14]。"季孙不信。臧孙闻之,戒。冬十月,孟氏将辟,藉除于臧氏,臧孙使正夫助之,除于东门,甲从己而视之[15]。孟氏又告季孙。季孙怒,命攻臧氏。乙亥,臧孙斩鹿门之关以出,奔邾[16]。

注释

〔1〕季武子:鲁国贵族,执政的卿。又称季孙宿。嫡子,正妻所生的长子或儿子。公弥又称公鉏。悼子名纥。

〔2〕申丰的身份应当是季氏的家臣。他认为立悼子做继承人将会引起季氏家族中的动乱,所以准备出走。

〔3〕北面,面朝北。重席,铺设两层席子。臧纥以这样的礼仪对待悼子,表示他把悼子看成继承人。这一做法违反当时常规,所以季武子也为之吃惊。

〔4〕季氏,指悼子。立为嫡子,即成为季孙氏的代表人物。

〔5〕当时的高级酒器、食器都用青铜铸造,是重要的财产。

〔6〕孟孙:鲁国贵族,执政的卿。又称孟庄子。

〔7〕御驺,管理车马的官员。羯,孟庄子的庶子。羯和孺子秩的关系,与上文悼子和公弥的关系一样。

〔8〕这里的"孟孙",意义和上文的"季氏"相同,即孟孙氏家族的代表人物,也即嫡子。

〔9〕因为臧纥使公鉏失去嫡子的地位,丰点煽动公鉏为他的计划出力。

〔10〕羯能立为嫡子,必然倾向季氏。季、孟二氏的力量合起来就会超过臧氏。

〔11〕"唯其才也",即上文"欲择其才焉而立之",公鉏以此回敬他的父亲,同时又是假称孟庄子的遗命。

〔12〕"哭"是礼节,"多涕"则是感情。

〔13〕疢,热病。热病患者脸色往往红润,即所谓"美"。

〔14〕这是诬赖之辞,表明羯和公鉏已结成一伙。

〔15〕正夫:管理工役的官员。臧纥带甲士出门,孟氏诬陷他作乱,所以季武子发怒。

〔16〕鹿门:鲁国都曲阜南城东门。

译文

季武子没有嫡子,公钼年长,但是季武子喜欢悼子,想立他为继承人。和申丰商量说:"弥与纥,我都喜欢,想要选择有才能的立为继承人。"申丰快步退出,回家,聚集家人打点财物准备出走。过了几天,又和申丰商量。申丰回答说:"如果这样,我准备套上破车走了。"事情就停了下来。

和臧纥商量。臧纥说:"招待我喝酒,我为您立他做继承人。"季氏招待大夫们喝酒,臧纥作为主客。主人向宾客献酒完毕,臧纥命令朝北铺上两层席子,换上新的酒尊并且洗涤。召见悼子,走下台阶迎接他。大夫们都站起来。到宾主互相敬酒时,才召见公钼,让他和弟兄按年龄入座。季武子大惊失色。

季氏让公钼做马正,公钼怨恨不肯就职。闵子马进见公钼,说:"您别这样。祸和福没有一定,在于人们的召唤。做儿子的,担心的是不孝,不必担心没有地位。恭敬地对待父亲的命令,哪里会有一成不变的事情呢?如果能够孝顺恭敬,财富可以比季氏增加一倍;奸邪不合法度,祸患可以比百姓增加一倍。"公钼同意他的话,恭敬地早晚问安,谨慎地执行职务。季武子很高兴,让公钼招待自己喝酒,带着酒器、食器前去,喝完酒全都留下。所以公钼家发了财,又做了鲁公的左宰。

孟庄子讨厌臧纥,季武子喜欢臧纥。孟氏的御驺丰点喜

191

欢羯,说:"听我的话,你一定成为孟氏(的继承人)。"再三地说,羯就听了他的话。孟庄子得病,丰点对公鉏说:"如果立了羯,我请他把臧氏当仇人。"公鉏对季武子说:"孺子秩本来应当立为继承人。如果立了羯,那么季氏就一定比臧氏有力量了。"季武子没有回答。己卯日,孟庄子死。公鉏奉事羯立在门边(接受吊唁)。季武子来到,进门号哭,出门,说:"秩在哪里?"公鉏说:"羯在这里了。"季武子说:"秩年长。"公鉏说:"有什么年长不年长,只看他有才能没有才能,而且是夫子的命令。"于是就立了羯。秩逃亡到邾国。

臧纥进门号哭,很悲哀,眼泪很多。出门,他的御者说:"孟庄子讨厌您,而您悲哀成这样。季武子如果死了,您怎么办?"臧纥说:"季武子喜欢我,这是疾病;孟庄子讨厌我,这是药石。好看的疾病不如难看的药石。药石还可以让我活下去,疾病的外表好看,它的内毒更多。孟庄子死了,我的灭亡也没有多少日子了。"孟氏关起大门,告诉季武子说:"臧氏准备发动变乱,不让我家安葬。"季武子不相信。臧纥听到了,实施戒备。冬季十月,孟氏准备开掘墓道,向臧氏借用工役。臧纥让正夫去帮忙,在东门开掘墓道,有甲士跟着他去视察。孟氏又告诉季武子,季武子发怒,下令攻打臧纥。乙亥日,臧纥砍断鹿门的门栓逃出城,逃亡到邾国。

晋张骼辅跞致楚师（襄公二十四年）

本篇描写一个精彩的战役片段。张骼、辅跞，曾被蘧启强称誉为诸侯中出类拔萃的人材（昭公五年），又倚仗晋国是大国，轻视宛射犬，就引出了这一场戏剧性的冲突。文章对这次战役的起因、经过、结果一笔带过，只是着重刻画人物性格，不论自觉还是不自觉，可以见出作品正在和历史分家而和文学结亲。

冬，楚子伐郑以救齐。门于东门，次于棘泽。诸侯还救郑[1]。晋侯使张骼、辅跞致楚师，求御于郑。郑人卜宛射犬[2]，吉。子大叔戒之曰[3]："大国之人，不可与也。"对曰："无有众寡，其上一也[4]。"大叔曰："不然。部娄无松柏[5]。"二子在幄，坐射犬于外，既食，然后食之。使御广车而行，己皆乘乘车[6]。将及楚师，而后从之乘，皆踞转而鼓琴[7]。近，不告而驰之。皆取胄于橐而胄，入垒，皆下，搏人以投，收禽挟囚。弗待而出。皆超乘，抽弓而射。既免，复踞转而鼓琴，曰："公孙！同乘，兄弟也，胡再不谋[8]？"对曰："曩者志入而已，今则怯也。"皆笑，曰："公孙之亟也。"

注释

〔1〕这一年八月,晋平公和宋、卫、鲁、郑等国在夷仪(今河北邢台)会见,准备伐齐,因楚攻郑回兵,所以说"还救郑"。

〔2〕宛射犬:郑国公族,所以下文称他"公孙"。本国人熟悉地理,因此要郑国人作御者。

〔3〕子大叔:郑国大夫,有贤能。又称游吉。

〔4〕宛射犬话的意思是不论国家大小,卿、大夫的地位是相等的,应该按等级对待自己。

〔5〕部娄,小山丘,比喻郑国。

〔6〕广车,冲锋陷阵用的战车。乘车,平常的车子。

〔7〕踞转:蹲坐在装衣甲的袋子上。

〔8〕再,两次,指冲入楚营与冲出楚营。

译文

冬季,楚康王进攻郑国以救援齐国。攻打郑国东门,驻在棘泽。诸侯回军救援郑国。晋平公派张骼、辅跞向楚军挑战,在郑国寻求御者。郑国人为派遣宛射犬占卜,吉利。子太叔告诫他说:"大国的人,不能和他们分庭抗礼。"回答说:"不论国家大小,地位的高低是一样的。"太叔说:"不是这样。小山上没有松柏。"张骼、辅跞两个人在帐篷里,让宛射犬坐在帐篷外,两人吃过饭,才让他吃饭。让宛射犬驾着广车前进,自己坐着乘车跟着。快要到达楚军营垒,然后才登上广车,都蹲坐在衣服袋上弹琴。逼近楚营,宛射犬不跟这两人打招呼就疾驰而进。这两人才都从袋里取出头盔戴上,进入楚营,双双下车,抓起楚国人就扔出去,逮住俘虏挟在腋下。宛射犬没有等待就驱车出营。两人都一跃登车,抽出弓来射向追兵。脱险以后,又蹲坐在衣服袋上弹琴,说:"公孙,同乘一辆战车,就是兄弟,为什么两次都不商量?"回答说:"前一回一心想冲进去,这一回是害怕了,(顾不上商量。)"两人都笑了,说:"公孙真是急性子啊!"

崔杼弑齐庄公(襄公二十五年)

春秋时期的齐国国君因为淫乱而丧命的,前有襄公、懿公,后有庄公。庄公被弑,崔、庆两家共执国政,不久庆封又攻杀崔杼。

《左传》后半部用不少篇幅描绘了两位有才能的政治家,即郑国的子产和齐国的晏子。晏子在襄公十七年已经出现,到本年的弑君事件中,才见到了他的政治态度和政治才能,无愧于"民之望也"的赞誉。还值得注意的是齐国的太史兄弟,他们不屈于强暴、忠于职守的精神,曾经激励过后代的忠臣义士,例如文天祥。

齐棠公之妻[1],东郭偃之姊也。东郭偃臣崔武子[2]。棠公死,偃御武子以吊焉。见棠姜而美之,使偃取之。偃曰:"男女辨姓。今君出自丁,臣出自桓,不可[3]。"武子筮之,遇《困》之《大过》。史皆曰"吉"。示陈文子[4],文子曰:"夫从风,风陨妻,不可娶也。且其繇曰:'困于石,据于蒺藜,入于其宫,不见其妻,凶。'困于石,往不济也;据于蒺藜,所恃伤也;入于其宫,不见其妻,凶,无所归也。"崔子曰:"嫠也,何害?先夫当之矣。"遂取之。

庄公通焉，骤如崔氏，以崔子之冠赐人。侍者曰："不可。"公曰："不为崔子，其无冠乎[5]？"崔子因是，又以其间伐晋也，曰"晋必将报"，欲弑公以说（同"悦"）于晋，而不获间。公鞭侍人贾举，而又近之，乃为崔子间公。

夏五月，莒为且于之役故，莒子朝于齐[6]。甲戌，飨诸北郭。崔子称疾不视事。乙亥，公问崔子，遂从姜氏。姜入于室，与崔子自侧户出。公拊楹而歌[7]。侍臣贾举止众从者而入，闭门。甲兴，公登台而请，弗许。请盟，勿许。请自刃于庙，勿许。皆曰："君之臣杼疾病，不能听命。近于公宫，陪臣干掫（zōu 邹）有淫者[8]，不知二命。"公逾墙，又射之，中股，反队（同"坠"），遂弑之。贾举[9]、州绰、邴师、公孙敖、封具、铎父、襄伊、偻堙皆死。祝佗父祭于高唐，至，复命，不说弁（tuō biàn 脱下）而死于崔氏[10]。申蒯，侍渔者，退，谓其宰曰："尔以帑免，我将死。"其宰曰："免，是反子之义也。"与之皆死。崔氏杀鬷（zōng 宗）蔑于平阴[11]。

晏子立于崔氏之门外，其人曰："死乎？"曰："独吾君也乎哉？吾死也？"曰："行乎？"曰："吾罪也乎哉？吾亡也？"曰："归乎？"曰："君死，安归？君民者，岂以陵民？社稷是主。臣君者，岂为其口实？社稷是养。故君为社稷死，则死之；为社稷亡，则亡之。若为己死，而为己亡，非其私昵，谁敢任之[12]？且人有君而弑之，吾焉得死之，而焉得亡之？将庸何归？"门启而入，枕尸股而哭，兴，三踊而出[13]。人谓崔子："必杀之！"崔子曰："民之望也，舍之得民。"卢蒲癸奔晋，

197

王何奔莒[14]。

叔孙宣伯之在齐也,叔孙还纳其女于灵公[15],嬖,生景公。丁丑,崔杼立而相之,庆封为左相,盟国人于大宫,曰:"所不与崔、庆者——"[16]晏子仰天叹曰:"婴所不唯忠于君、利社稷者是与,有如上帝!"乃歃(shà 煞)[17]。辛巳,公与大夫及莒子盟。

大史书曰:"崔杼弑其君。"崔子杀之。其弟嗣书而死者二人。其弟又书,乃舍之。南史氏闻大史尽死,执简以往。闻既书矣,乃还。

间丘婴以帷缚其妻而载之,与申鲜虞乘而出。鲜虞推而下之,曰:"君昏不能匡,危不能救,死不能死,而知匿其昵,其谁纳之?"行及弇(yǎn 演)中[18],将舍,婴曰:"崔、庆其追我。"鲜虞曰:"一与一,谁能惧我[19]?"遂舍,枕辔而寝,食马而食[20]。驾而行,出弇中,谓婴曰:"速驱之,崔、庆之众,不可当也。"遂来奔。

崔氏侧庄公于北郭。丁亥,葬诸士孙之里。四翣(shà 煞),不跸,下车七乘,不以兵甲[21]。

注释

〔1〕棠公:棠邑的大夫。
〔2〕崔武子:即崔杼,以拥立齐庄公有功,为齐国执政大臣。
〔3〕男女同姓不婚。丁,丁公;桓,桓公,都是齐国的前代君主。
〔4〕陈文子:齐国大夫。又称陈须无。
〔5〕意思是难道只有崔杼有帽子,别人也同样有,用以赏赐,无法

辨别是谁的帽子。

〔6〕襄公二十三年,齐国攻打晋国,在回国途中袭击莒国,攻城时齐庄公受伤。由于齐是大国,莒子到齐国朝见是表示赔礼顺服。

〔7〕齐庄公已知中计,用唱歌表示悔恨。

〔8〕家臣对国君自称陪臣。

〔9〕这个贾举和"侍臣贾举"是同名的两个人。

〔10〕弁:即爵弁,祭祀时所穿的服装。

〔11〕庄公的母亲名穆声姬,穆蔑当是她的娘家人。

〔12〕意思是齐庄公之死是自作孽,不是他私人的亲信,不能承担责任。

〔13〕这是当时吊丧的礼节。

〔14〕卢蒲葵和王何是齐庄公的亲信。

〔15〕叔孙宣伯,即鲁叔孙侨如,成公十六年逃亡到齐国。叔孙还,齐国贵族。灵公,庄公的父亲。

〔16〕盟辞没有读完,被晏子打断。

〔17〕歃:盟誓时杀牲口,盟誓的人以血涂于口旁。

〔18〕弇中:山东临淄到莱芜的一条在两山之间的狭道。

〔19〕因为路狭,只能容纳一辆车,所以不怕追兵。

〔20〕头枕马缰,易于惊醒。先喂马,准备追兵到来可以立即逃走。

〔21〕不用国君的礼节安葬。

译文

齐国棠公的妻子,是东郭偃的姐姐。东郭偃是崔杼的家臣。棠公死后,东郭偃为崔杼驾车去吊唁。崔杼见到棠姜觉得漂亮,让东郭偃为他娶过来。东郭偃说:"男女要辨别姓氏。现在您是丁公的后代,下臣是桓公的后代,这是不行

199

的。"崔杼占筮,得到《困》卦变成《大过》,太史们都说"吉利"。拿给陈文子看,陈文子说:"丈夫跟从风,风坠落妻子,不能娶的。而且它的繇辞说:'被困在石堆里,据守在蒺藜中。走进屋,不见妻,凶。'被困在石堆里,意味着前去不能成功;据守在蒺藜中,意味着所依靠的东西会使人受伤;走进屋,不见妻,凶,意味着无所归宿。"崔杼说:"她是寡妇,有什么妨碍?死去的丈夫已经承担过这凶兆了。"于是就娶了她。

齐庄公和棠姜私通,屡次到崔家去,把崔杼的帽子赏赐给别人。侍者说:"不行。"齐庄公说:"不是崔子,就没有帽子了吗?"崔杼因此而怀恨,又借齐庄公发兵攻打晋国的机会,说"晋国一定要报复的",想要杀死齐庄公来讨晋国的喜欢,而没有得到机会。齐庄公鞭打侍人贾举,后来又亲近他,于是他就为崔杼找机会下手。

夏季五月,莒国由于且于这一战役的缘故,莒子到齐国朝见。甲戌日,在北城设宴招待莒子,崔杼推说有病不办公。乙亥日,齐庄公去问候崔杼,就又和棠姜混在一起。棠姜进入内室,和崔杼从侧门出去。齐庄公拍着柱子唱歌。侍人贾举拦住其他随从的人,自己单独入内关上门。崔杼的甲士一拥而起,齐庄公登台请求放他走,崔杼不答应;请求结盟,不答应;请求在太庙自杀,不答应。甲士都说:"君主的下臣杼病得厉害,不能听取您的命令。这里靠近国君的宫室,陪臣巡查搜捕淫乱的人,不知道有其他命令。"齐庄公跳墙,甲士们又用箭射他,射中大腿,掉在墙里,于是就杀了他。贾举、州绰、邴师、公孙敖、封具、铎父、襄伊、偻堙全都战死。祝佗父在高唐祭祀，到达国都，复命，没有脱掉祭服就在崔杼家里战死。申蒯，是管理捕鱼的官员，退出来，对他的家臣首领说："你带着我的妻子儿子逃走，我准备一死。"他的家臣首领说："如果我脱逃，这是违背了您的道义了。"就和申蒯一起战死。崔杼在平阴杀死了鬷蔑。

晏子站在崔家门外，他的手下人说："死吗？"说："单单是我一个人的国君吗，我死？"说："走吗？"说："是我的罪过吗，我逃亡？"说："回去吗？"说："国君死了，回哪儿去？作为百姓的国君，难道高踞于百姓之上？应当主持国家。作为君主的臣下，难道是为了自己的俸禄？应当养护国家。所以国君为国牺牲，就为国君而死；国君为国逃亡，就为国君而逃亡。如果国君为自己而死，为自己而逃亡，不是他个人的宠臣，谁敢去分担？而且别人得到国君的信任反而杀死了他，我哪里能为他而死，为他而逃亡？但是又能回到哪里去呢？"大门打开，进去，头枕在尸体的大腿上号哭，起来，往上跳三次以后才出去。有人对崔杼说："一定要杀掉他。"崔杼说："他是百姓仰望的人，放了他，可以得民心。"卢蒲癸逃亡到晋国，王何逃亡到莒国。

叔孙宣伯在齐国的时候，叔孙还把宣伯的女儿送给齐灵公，受到宠爱，生了齐景公。丁丑日，崔杼立齐景公为国君，自己做相，庆封任左相，集合国内的人在太公的宗庙中盟誓，说："有不亲附崔氏、庆氏的——"晏子仰面朝天叹气说："婴如果不亲附忠君利国的人,有天帝为证!"于是歃血。辛巳日,齐景公和大夫以及莒子结盟。

太史记载说:"崔杼弑其君。"崔杼杀了太史。太史的弟弟接着照写而被杀的有两个。还有一个弟弟又照写,崔杼就由他去了。南史氏听说太史都死了,拿了竹简前去,听到已经如实记载了,这才回去。

间丘婴用车帷捆缚他的妻子装上车,和申鲜虞坐上车出走。申鲜虞把女人推下车,说:"国君昏昧不能纠正,危险不能救援,死了不能为他死,只知道藏匿自己亲爱的人,有谁会接纳我们?"走到狭道中,准备住宿。间丘婴说:"崔氏、庆氏恐怕在追赶我们。"鲜虞说:"一对一,谁能使我们害怕?"于是就住下来,头枕着马缰睡觉,先喂饱马然后自己吃饭。起身鞴上马走路,走出狭道,对间丘婴说:"快点赶马,崔氏、庆氏人多,是不能抵挡的。"于是就逃亡来到鲁国。

崔杼把庄公的棺材用土砖围上放在北边外城。丁亥日,安葬在士孙之里。葬礼用四把长柄扇,不清道,用破车七辆,不用武装的战士送葬。

上下其手(襄公二十六年)

这一段文字中两段故事,粗看只是情节和时间上的联系,但细看却可以发现一些有趣的共同点,即伯州犁、皇颉和子产都能熟谙世故,练达人情。不过伯州犁用以趋附,皇颉用以免祸,而子产则用以谋国。子太叔也是郑国的一位人物,下文说他"美秀而文",但真正善为辞令的是裨谌,子产当政以后,他们才各得其所,各人的长处得到了充分的发挥。

楚子、秦人侵吴,及雩(yú 于)娄,闻吴有备而还,遂侵郑。五月,至于城麇(jūn 军)。郑皇颉戍之,出,与楚师战,败。穿封戌囚皇颉,公子围与之争之[1],正于伯州犁。伯州犁曰:"请问于囚。"乃立囚。伯州犁曰:"所争,君子也,其何不知?"上其手,曰:"夫子为王子围,寡君之贵介弟也。"下其手,曰:"此子为穿封戌,方城外之县尹也。谁获子?"囚曰:"颉遇王子,弱焉。"戌怒,抽戈逐王子围,弗及[2]。楚人以皇颉归。

印堇父与皇颉戍城麇,楚人囚之,以献于秦。郑人取货于印氏以请之。子大叔为令正[3]，以为请。子产曰："不获。受楚之功，而取货于郑，不可谓国，秦不其然。若曰'拜君之勤郑国，微君之惠，楚师其犹在敝邑之城下'，其可。"弗从，遂行。秦人不予。更币[4]，从子产，而后获之。

注释

〔1〕公子围：又称王子围，楚康王之弟，即后来的楚灵王。

〔2〕事情还有余波。昭公八年，公子围已经篡位为楚灵王，却意外地委任穿封戌为陈地的县官，理由是"城麇之役不谄"。又让穿封戌陪自己喝酒，问他如果当时就知道我要做国君，将会怎么样。穿封戌回答说，要冒死安定楚国，意思是当时就把你杀了。

〔3〕令正：主持拟定外交辞令的官员。

〔4〕原来带去的财物是"赂"，把它改成"币"即一般的交际礼品，秦国就有了面子。

译文

楚康王和秦国人侵袭吴国，到达雩娄，听到吴国有戒备就退走，转而攻打郑国。五月，到达城麇。郑国的皇颉戍守城麇，出城，和楚军作战，战败。穿封戌俘虏了皇颉，王子围和穿封戌争功，要伯州犁判断曲直。伯州犁说："请问一下俘虏。"就让俘虏站在前面。伯州犁说："两位所争夺的，是一位君子，他还有什么不明白的？"高抬手，说："那一位是王子围，是寡君的尊贵的弟弟。"放下手，说："这个人是穿封戌，是方城山外边的县尹。谁抓住您的？"俘虏说："颉碰上王子，抵挡不住。"穿封戌发怒，抽出戈追逐王子围，没有赶上。楚国人带着皇颉回去。

　　印堇父和皇颉一起戍守城麇,楚国人俘虏了他,把他献给秦国。郑国人在印家要来财物向秦国请求(赎取印堇父)。子太叔做令正,草拟赎取的文件。子产说:"得不到的。接受了楚国的功劳,而在郑国获得财物,不合国家的体统,秦国不会这样做的。如果说'拜谢君主对郑国的帮助,要是没有君王的恩惠,楚军恐怕还在敝邑的城下',这也许行了。"子太叔不听从,就动身走了。秦国人不给。把财物改为礼品,按照子产的辞令,然后得到了印堇父。

伊戾谮杀宋太子痤（襄公二十六年）

宋国这次宫廷斗争的起因，是由于寺人伊戾被太子痤讨厌，因而先发制人，伪造证据，使宋平公糊里糊涂就逼死了儿子。后来汉武帝时代江充陷害戾太子的手法，就是抄的这段老文章。夫人弃和向戌是否参预阴谋，作者没有明写，但蛛丝马迹，意在言外，这就是杜预《春秋序》中所说的"微而显"。

最后一小段，可以看作古代散文中最早的讽刺小品。

初，宋芮司徒生女子[1]，赤而毛，弃诸堤下。共姬之妾取以入[2]，名之曰弃，长而美。平公入夕，共姬与之食。公见弃也而视之，尤。姬纳诸御，嬖，生佐，恶而婉。太子痤（cuò 错）美而很，合左师畏而恶之[3]。寺人惠墙伊戾为太子内师而无宠[4]。秋，楚客聘于晋，过宋。太子知之，请野享之，公使往。伊戾请从之，公曰："夫不恶女乎？"对曰："小人之事君子也，恶之不敢远，好之不敢近，敬以待命，敢有贰心乎？纵有共（同'供'）其外，莫共其内，臣请往也。"遣之。至，则歃（kǎn 坎），用牲，加书征之，而骋告公，曰："太子将为乱,既与楚客盟矣。"公曰:"为我子〔5〕,又何求?"对曰:"欲速。"公使视之,则信有焉。问诸夫人与左师,则皆曰:"固闻之。"公囚太子。太子曰:"唯佐也能免我。"召而使请,曰:"日中不来,吾知死矣。"左师闻之,聒而与之语。过期,乃缢而死。佐为太子。公徐闻其无罪也,乃烹伊戾。

左师见夫人之步马者。问之,对曰:"君夫人氏也〔6〕"。左师曰:"谁为君夫人? 余胡弗知?"圉人归,以告夫人。夫人使馈之锦与马,先之以玉〔7〕,曰"君之妾弃使某献"。左师改命曰"君夫人",然后再拜稽首受之。

注释

〔1〕芮司徒:人名,宋国大夫。女子,女儿。

〔2〕共姬:宋共公夫人。宋平公是她的儿子。

〔3〕合左师:即向戌。参见本书《弭兵之会》。合,封邑;左师,官名。

〔4〕惠墙伊戾,人名。内师,管理宫中事务的阉人。

〔5〕子,这里作嗣子讲。

〔6〕春秋时代诸侯国君的正妻称君夫人。弃本为侍妾,因为儿子立为太子,所以尊为君夫人,由于尚未正名,向戌借此要挟。

〔7〕送礼有时要分两次,先致送较轻的礼品,叫做"先"。

译文

起初,宋国的芮司徒生了个女儿,皮肤鲜红而且浑身长毛,就把她丢在堤下。共姬的侍妾拣了进来,给她起名叫弃。长大了很漂亮。平公进宫问候晚安,共姬给他吃东西。平公见到弃,仔细看她,觉得漂亮极了。共姬把她送给平公做侍妾,得宠,生了佐,外表难看而性情和婉。太子痤长得漂亮而性情凶狠,向戌对他又害怕又讨厌。寺人惠墙伊戾做太子的内师而不受宠信。秋天,楚国客人到晋国聘问,路过宋国。太子和楚国客人原来相识,请求在郊外设宴招待他,平公让他去了。伊戾请求跟随太子,平公说:"他不是讨厌你吗?"回答说:"小人的事奉君子,被讨厌不敢远离,被喜欢不敢亲近,恭恭敬敬等待命令,岂敢有三心二意呢?即使有人在外面侍候太子,但没有人在身边侍候,下臣请求前去。"到了郊外,就挖坑,用牺牲,把盟书放在牲口身上作为证据,然后驰马报告平公,说:"太子准备作乱,已经和楚国客人结盟了。"平公说:"他是我的继承人,还想要什么?"回答说:"想快一点(即位)。"平公派人去看,确实有这些现象。向夫人和左师询问,都说:"的确听到过。"平公囚禁太子。太子说:"只有佐能够使我免于祸难。"召请佐并让他去求情,说:"到中午不来,我知道就要死了。"向戌听到了,就跟佐说话说个没完没了。过了中午,太子就上吊死了。佐立为太子。平公逐渐了解到痤无罪,就把伊戾煮了。

向戌见到夫人的遛马人,问他。回答说:"我是君夫人的人"。向戌说:"谁是君夫人?我怎么不知道?"遛马人回去,把情况报告夫人。夫人派人给向戌送去锦和马,用玉作为先导,说"国君的侍妾弃派某人奉献"。向戌要来人改口说"君夫人",然后再拜叩头收下。

弭兵之会(襄公二十七年)

春秋时代,晋、楚两国由于连年争霸,亟需休息,襄公二十五年晋国赵武执政,就提出"弭兵"的主张;二十六年,郑国子产也预计到晋、楚和诸侯将要讲和。向戌因势利导,遂使水到渠成。这次会盟之后,诸侯国之间有五十年左右没有发生大规模战争。

会上会下晋、楚两国虽仍不免尔虞我诈,几经曲折,最终还是达成协议。晋国的叔向在这次会盟中起了重要作用。他劝说赵武同意楚国先歃血的一番话,尽管有一点"精神胜利法"的因素,但毕竟是大处着眼,体现了一位政治家的灵活性。

宋向戌善于赵文子,又善于令尹子木[1],欲弭诸侯之兵以为名。如晋,告赵孟。赵孟谋于诸大夫。韩宣子曰[2]:"兵,民之残也,财用之蠹,小国之大灾也。将或弭之,虽曰不可,必将许之。弗许,楚将许之,以召诸侯,则我失为盟主矣。"晋人许之。如楚,楚亦许之。如齐,齐人难之。陈文子曰[3]:"晋、楚许之,我焉得已?且人曰弭兵,而我弗许,则吾固携吾民矣,将焉用之?"齐人许之。告于秦,秦亦许之。皆告于小国,为会于宋。

五月甲辰,晋荀武至于宋。丙午,郑良霄至[4]。六月辛未朔,宋人享赵文子,叔向为介[5]。司马置折俎,礼也。仲尼使举是礼也,以为多文辞[6]。戊申,叔孙豹[7]、齐庆封、陈须无、卫石恶至。甲寅,晋荀盈从赵武至。丙辰,邾悼公至。壬戌,楚公子黑肱先至[8],成言于晋。丁卯,宋向戌如陈,从子木成言于楚。戊辰,滕成公至。子木谓向戌,请晋、楚之从交相见也[9]。庚午,向戌复于赵孟。赵孟曰:"晋、楚、齐、秦,匹也。晋之不能于齐,犹楚之不能于秦也。楚君若能使秦君辱于敝邑,寡君敢不固请于齐?"壬申,左师复言于子木。子木使驲(rì 日)谒诸王[10]。王曰:"释齐、秦,他国请相见也。"秋七月戊寅,左师至。是夜也,赵孟及子晳盟,以齐言。庚辰,子木至自陈。陈孔奂、蔡公孙归生至。曹、许之大夫昏至。以藩为军[11]。晋、楚各处其偏。

伯夙谓赵孟曰:"楚氛甚恶,惧难。"赵孟曰:"吾左还(xuán 旋),入于宋[12],若我何?"辛巳,将盟于宋西门之外。楚人衷甲。伯州犁曰[13]:"合诸侯之师,以为不信,无乃不可乎?诸侯望信于楚,是以来服。若不信,是弃其所以服诸侯也。"固请释甲。子木曰:"晋、楚无信久矣,事利而矣。苟得志焉,焉用有信?"大宰退,告人曰:"令尹将死矣,不及三年。求逞志而弃信,志将逞乎?志以发言,言以出信,信以立志。参以定之。信亡,何以及三?"赵孟患楚衷甲,以告叔向。叔向曰:"何害也?匹夫一为不信,犹不可,单毙其死。若合诸侯之所以为不信,必不捷矣。食言者不病,非子之患也。夫以信召人,而以僭济之,必莫之与也,安能害我?且吾因宋以守病,则夫能致死[14]。与宋致死,虽倍楚可也,子何惧焉?又不及是,曰弭兵以召诸侯,而称兵以害我,吾庸多矣,非所患也。"

季武子使叔孙以公命曰:"视邾、滕[15]。"既而齐人请邾、宋人请滕,皆不与盟。叔孙曰:"邾、滕,人之私也。我,列国也。何故视之?宋、卫,吾匹也。"乃盟。故不书其族,言违命也[16]。

晋、楚争先。晋人曰:"晋固为诸侯盟主,未有先晋者也。"楚人曰:"子言晋、楚匹也,若晋常先,是楚弱也。且晋、楚狎主诸侯之盟也久矣,岂专在晋?"叔向谓赵孟曰:"诸侯归晋之德只,非归其尸盟也。子务德,无争先。且诸侯盟,小国固必有尸盟者[17],楚为晋细,不亦可乎?"乃先楚人。书先晋,晋有信也。

壬午,宋公兼享晋、楚之大夫,赵孟为客,子木与之言,弗能对[18];使叔向侍言焉,子木亦不能对也。

乙酉,宋公及诸侯之大夫盟于蒙门之外。子木问于赵孟曰:"范武子之德何如[19]?"对曰:"夫子之家事治,言于晋国无隐情,其祝史陈信于鬼神无愧辞。"子木归以语王。王曰:"尚矣哉!能歆神、人,宜其光辅五君以为盟主也。"子木又语王曰:"宜晋之伯也,有叔向以佐其卿,楚无以当之,不可与争。"晋荀盈如楚涖盟。

注释

〔1〕赵文子:晋国执政大臣。赵朔之子,即"赵氏孤儿"。又称赵武、赵孟。令尹子木:楚国执政大臣。又称屈建。

〔2〕韩宣子:韩厥之子。又称韩起。

〔3〕陈文子:齐国大夫。又称陈须无。

〔4〕良霄:郑国贵族。又称伯有。

〔5〕叔向:晋国大夫,有贤名。又称羊舌肸。介,主宾的副手。

〔6〕当时孔子才七岁。这应当是后来孔子看到有关文献,认为这次宴享中宾主都熟悉礼仪而辞令得体,所以让人记录下来。

〔7〕叔孙豹:鲁国执政大臣。又称穆叔,叔孙穆子。

〔8〕公子黑肱:楚共王之子。又称子皙。先至,先于令尹子木到达。据下文,令尹子木停留在陈国。

〔9〕晋、楚各霸一方,各有盟国,实际上是"从"(依附)国。楚国提出互相朝见,即晋国的盟国朝见楚国,楚国的盟国朝见晋国。

〔10〕驲:传车,即一站接一站的车子。

〔11〕诸侯盟会,各有随从的军队,各筑营垒。现在只设藩篱,表示互不设防的和平气氛。

〔12〕宋:指宋国国都。

〔13〕伯州犁:晋国人,当时在楚国做太宰。

〔14〕意思是入城守御,楚军如果攻城,宋国人就会拼命。

〔15〕邾、滕不仅是小国,而且是属国。鲁国虽弱,地位仍高于二国。鲁国本来只向晋国纳贡,如坚持不能等同于邾、滕,就意味要向晋、楚纳双倍贡赋,所以季武子要使鲁国降格。

〔16〕《春秋》的原文是"豹及诸侯之大夫盟于宋",不写"叔孙豹"。《左传》所作的解释即所谓"微言大义"。

〔17〕大国主持会盟称为尸盟,小国办理会盟中具体事务称为尸

盟者。

〔18〕据《礼记·檀弓》记载,赵武不善于辞令。

〔19〕范武子即士燮,是晋国著名的贤人,历佐晋文公、襄公、灵公、成公、景公五世。

译文

宋国的向戌和赵武友好,又和令尹子木友好,想要消除诸侯之间的战争以获取声名。去到晋国,把意图告诉赵武。赵武和大夫们商量。韩宣子说:"战争,是百姓的凶手,财物的蛀虫,小国的灾难。有人准备消除它,虽说做不到,一定要同意。不同意,楚国会同意,以此来号召诸侯,那么我们就失去盟主的地位了。"晋国人同意了。到楚国,楚国人也同意。到齐国,齐国人感到为难。陈文子说:"晋国、楚国已经同意,我们怎么能不干?而且别人说消除战争,我们不答应,那么就使我们的百姓离心了,将来怎么使用他们?"齐国人同意了。告诉秦国,秦国也同意。四个国家都通告小国,在宋国举行会见。

五月甲辰日,晋国的赵武到达宋国。丙午日,郑国的良霄到达。六月丁未朔日,宋国人设宴招待赵武,叔向陪同。司马把煮熟的牲畜拆碎放在俎上,这是礼仪。(后来)孔子让人记录这次礼仪,认为富于文采辞藻。戊申日,叔孙豹、齐国的庆封、陈文子、卫国的石恶到达。甲寅日,晋国的荀盈随赵武之后到达。丙辰日,邾悼公到达。壬戌日,楚国的公子黑肱先到,和晋国人商定盟约的条件。丁卯日,宋国的向戌到陈国,到子木那里和楚国人商定盟约的条件。戊辰日,滕成公到达。子木告诉向戌,请求依附晋、楚的国家互相朝见盟主。庚午日,向戌转告赵武。赵武说:"晋、楚、齐、秦,是对等的,晋国不能指挥齐国,如同楚国不能指挥秦国。楚国国君如果能让秦国国君驾临敝邑,寡君岂敢不坚决向齐国国君请求?"壬申日,向戌向子木回复,子木派驲车请示楚康王。楚康王说:"除去齐国、秦国,其他国家请互相朝见盟主。"秋季七月戊寅日,向戌回到宋国。当夜,赵武和公子黑肱盟誓,统一盟约的言辞。庚辰日,子木从陈国到达。陈国的孔奂、蔡国的公子归生到达。曹国、许国的大夫也都到达。各国军队用篱笆作为分界,晋军、楚军各自驻扎在两头边上。

伯夙对赵武说:"楚国的气氛很坏,怕会发动袭击。"赵武说:"我们转折向左,进入宋国都城内,能把我们怎么办?"辛巳日,准备在宋国都西门外结盟。楚国人把皮甲穿在衣服里。伯州犁说:"会合诸侯的军队,做出没有信用的事,恐怕不可以吧。诸侯盼望楚国有信用,因此前来归服。如果没有信用,那就是丢掉本应用来使诸侯归服的东西了。"坚决请求脱去皮甲。子木说:"晋、楚之间缺乏信用已经很久了,事情有利就行了。如果能满足意愿,哪里用得着信用?"伯州犁退下去,告诉人说:"令尹将要死了,到不了三年。只求满足意愿而抛弃信用,意愿能满足吗? 意愿形成语言,语言产生信用,信用实现意愿。三件事具备才能安定。信用丢了,怎么能等到三年呢?"赵武为楚国人内穿皮甲而担心,告诉叔向。

叔向说:"有什么害处? 一个普通人一旦不守信用,尚且不行,不得好死。如果会合诸侯的卿不守信用,就必然不能成功了。说话不算数的人不能给人危害,您不必为这件事担心。用信用召集别人,却不守信用谋私利,必然没有人亲附他,哪里能危害我们? 而且我们凭借宋国来防止危害。宋国人就人人拼命,和宋军一起拼命,尽管楚军增加一倍也是可以的,您又有什么可害怕呢? 但是又不至于到这个地步。口说消除战争以召集诸侯,反而发动战争来危害我们,我们的好处就多了,这不是所要担心的。"

季武子派人用襄公的名义对叔孙豹说:"把我国和邾国、滕国等同。"不久齐国人请求把邾国作为属国,宋国人请求把滕国作为属国,邾国、滕国都不参加盟会。叔孙豹说:"邾国、滕国,是别国的属国。我国,是诸侯国,为什么要等同看待? 宋国、卫国,才是和我们对等的。"于是就参加结盟。所以《春秋》不记载叔孙豹的族名,因为他违背了君令。

晋国和楚国争执歃血的先后。晋国人说:"晋国本来是诸侯的盟主,从没有在晋国之前歃血的。"楚国人说:"您说晋国和楚国是对等的,如果晋国永远在前面,这是楚国弱于晋国了。而且晋国和楚国交替着主持诸侯的会盟已经很久了,难道只能由晋国主持?"叔向对赵武说:"诸侯归服于晋国的德行,不是归服于它主持会盟。您致力于德行,不要争执先后。而且诸侯会盟,小国中本来一定有一个主管具体事务的,楚国代替晋国主管事务,不也是可以的吗?"于是就让楚人先歃血。《春秋》记载把晋国放在前面,这是由于晋国有信用。

壬午日,宋平公设宴同时招待晋国和楚国的大夫,赵武作为主宾,子木跟他说话,赵武不能回答;让叔向在旁边帮着答对,子木也不能回答。

乙酉日,宋平公和诸侯的大夫在蒙门之外盟誓。子木问赵武说:"范武子的德行怎么样?"赵武回答说:"这一位的家事井井有条,对晋国人说话不隐瞒真相,他的祝史向鬼神表示诚信没有不合实际的话。"子木回去把话报告楚康王。康王说:"高尚啊!能够让神和人都高兴,他辅佐五世国君作为盟主也是应该的了。"子木又对楚康王说:"晋国领袖诸侯是合适的,有叔向辅佐他们的卿,楚国没有人和他相当,不能和他们相争。"晋国的荀盈去到楚国参加结盟。

吴季札观乐(襄公二十九年)

《诗》三百篇在春秋时代都可以演奏演唱,这一段记载是有关《诗》乐的重要资料。

儒家重视乐,认为是一种教育手段,与社会和国家的治乱有密切关系,即所谓"审乐以知政"(《礼记·乐记》)。吴公子札论乐为这种观点作出了具体而生动的说明。公子札是春秋时代公认的贤人,曾被后来的司马迁称为"见微而知清浊"的"闳览博物君子"(《史记·吴太伯世家》)。他对《诗》乐所发表的见解和出聘中对各国政事所作的预言如此准确,不妨认为是《左传》作者对这个人物所作的理想化的描写。

吴公子札来聘,见叔孙穆子,说(同"悦")之[1]。谓穆子曰:"子其不得死乎!好善而不能择人。吾闻君子务在择人,吾子为鲁宗卿,而任其大政,不慎举,何以堪之?祸必及子。"

请观于周乐[2]。使工为之歌《周南》《召南》[3],曰:"美哉!始基之矣,犹未也,然勤而不怨矣。"[4]为之歌《邶》

《鄘》《卫》曰："美哉,渊乎！忧而不困者也。康叔、武公之德如是,是其卫风乎！"[5]为之歌《王》,曰："美哉！思而不惧,其周之东乎[6]！"为之歌《郑》,曰："美哉！其细已甚,民弗堪也。是其先亡乎！"为之歌《齐》,曰："美哉,泱泱乎！大风也哉！表东海者,其大(同'太')公乎！国未可量也"。[7]为之歌《豳》(bīn宾),曰："美哉,荡乎！乐而不淫,其周公之东乎！"[8]为之歌《秦》,曰："此之谓夏声。夫能夏则大,大之至也,其周之旧乎[9]？"为之歌《魏》,曰："美哉,沨(fán凡)沨乎！大而婉,险而易行,以德辅此,则明主也。"为之歌《唐》,曰："思深哉,其有陶唐氏之遗民乎[10]！不然,何其忧之远也？非令德之后,谁能若是？"为之歌《陈》,曰："国无主,其能久乎[11]？"自《郐》以下无讥焉[12]。为之歌《小雅》,曰："美哉！思而不贰,怨而不言,其周德之衰乎？犹有先王之遗民焉[13]。"为之歌《大雅》,曰："广哉,熙熙乎！曲而有直体,其文王之德乎！"为之歌《颂》,曰："至矣哉！直而不倨,曲而不屈,迩而不逼,远而不携,迁而不淫,复而不厌,哀而不愁,乐而不荒;用而不匮,广而不宣,施而不费,取而不贪;处而不底,行而不流。五声和,八风平[14]。节有度,守有序,盛德之所同也。"

见舞《象箾(xiāo箫)》、《南籥(yuè月)》者,曰："美哉！犹有憾。"[15]见舞《大武》者[16],曰："美哉！周之盛也,其若此乎！"见舞《韶濩》者[17],曰："圣人之弘也,而犹有惭德,圣人之难也。"见舞《大夏》者[18],曰："美哉！勤而不德,非禹,其谁能修之?"见舞《韶箾》者[19],曰:"德至矣哉,大矣!如天之无不帱(dǎo 祷)也,如地之无不载也。虽(同'唯')甚盛德,其蔑以加于此矣,观止矣。若有他乐,吾不敢请已。"

其出聘也,通嗣君也。故遂聘于齐,说晏平仲,谓之曰:"子速纳邑与政。无邑无政,乃免于难。齐国之政将有所归,未获所归,难未歇也。"故晏子因陈桓子以纳政与邑,是以免于栾、高之难[20]。

聘于郑,见子产,如旧相识。与之缟带,子产献纻衣焉。谓子产曰:"郑之执政侈,难将至矣,政必及子[21]。子为政,慎之以礼。不然,郑国将败。"

适卫,说蘧(qú 瞿)瑗、史狗、史鳅、公子荆、公叔发、公子朝,曰:"卫多君子,未有患也。"

自卫如晋,将宿于戚,闻钟声焉,曰:"异哉!吾闻之也,辩而不德,必加于戮。夫子获罪于君以在此,惧犹不足,而又何乐?夫子之在此也,犹燕之巢于幕上。君又在殡,而可以乐乎?"遂去之。文子闻之[22],终身不听琴瑟。

适晋,说赵文子、韩宣子、魏献子[23],曰:"晋国其萃于三族乎!"说叔向,将行,谓叔向曰:"吾子勉之!君侈而多良,大夫皆富,政将在家。吾子好直,必思自免于难。"

注释

[1]公子札:吴王寿梦幼子。又称季札、季子、延陵季子、延州来季子。参见本书《鲅设诸刺王僚》注。叔孙穆子:鲁国执政大臣。又称叔孙豹、穆叔。昭公四年,为他的私生子竖牛所控制,饿死。

〔2〕鲁国是周公的后代,保存周代文化最为完整。观,观察了解,即聆听观看。

〔3〕《诗经》中按音乐的性质分为《风》《雅》《颂》三部分。从《周南》《召南》到《邠》,都属于《风》,即诸侯国的音乐。古代乐和舞往往结合在一起,所以"请观于周乐",也包括舞蹈。

〔4〕季札认为《周南》《召南》产生的时间比较早,所以说周朝的基业已经奠定。

〔5〕邶、鄘、卫三国在商朝的首都附近,后来合并为卫国。周公的兄弟康叔是卫国的第一代君主,康叔的九世孙武公是卫国的贤君。

〔6〕《王风》是东周王畿即都城雒邑附近的乐曲。

〔7〕齐国是姜太公的后代。

〔8〕周武王死后,商朝的后人叛乱,周公东征,三年然后平定。

〔9〕古代以西方为夏。夏又可以解释为大。秦国的疆土包有周朝的旧地。

〔10〕成王的兄弟封于唐,即今山西太原市境,为晋国的始祖。唐地据传是唐尧的旧都。

〔11〕当指陈国政局混乱。在季札评论以后六十五年,陈为楚所灭。

〔12〕邠,今本《诗经》作《桧》。十五国风中,《邠风》《曹风》季札没有发表评论。

〔13〕《小雅》中有一部分怨刺之诗,所以这样说。

〔14〕五声,指宫、商、角、徵(zhǐ 止)、羽五种曲调;八风即八音,指金、石、土、革、丝、木、匏、竹八类乐器发出的声音。

〔15〕箭、籥都是乐器。这两种舞蹈都是歌颂文王的。

〔16〕《大武》是歌颂武王的乐舞。

〔17〕《韶濩》是歌颂汤的乐舞。

〔18〕《大夏》是歌颂禹的乐舞。

〔19〕《韶箾》是歌颂舜的乐舞。

〔20〕昭公八年,齐国栾氏、高氏争权,栾氏攻打高氏。

〔21〕当时郑国的执政是伯有。第二年即襄公三十年,伯有被子晳驱逐出国,子产执政。襄公二十七年,晋国叔向也认为伯有过于奢侈,断言其必然失败。

〔22〕文子,即孙林父,卫国执政大臣。襄公十四年,依仗晋国的支持赶走了国君卫献公。

〔23〕当时晋国由六卿执政。六卿中韩、赵、魏三家最终瓜分晋国为三国。

译文

吴国的公子札前来聘问,见到叔孙穆子,很喜欢他,对穆子说:"您恐怕不得善终吧!喜欢善良而不能选择人。我听说君子应当致力于选择人,您作为鲁国的宗卿,承担国家的大政,不慎重地选拔人才,怎么能胜任呢?祸患必然来到您身上。"

请求观赏周朝的音乐舞蹈。让乐工为他演唱《周南》《召南》,他说:"美好啊!开始奠定基础了,还没有完成,然而百姓勤劳而不怨恨了。"为他演唱《邶》《鄘》《卫》,他说:"美好啊,深厚呵!哀愁而不窘迫。卫康叔、武公的德行就像这样,这恐怕是卫风吧!"为他演唱《王》,他说:"美好啊!忧虑而不恐惧,恐怕是周室东迁以后的音乐吧!"为他演唱《郑》,他说:"美好啊!它琐碎得太过分了,百姓不能忍受的。这恐怕是要先灭亡的吧!"为他演唱《齐》,他说:"美好啊,宏大呵!这是大国的音乐啊!作为东海的表率,恐怕是太公的国家吧！国家不可限量啊！"为他演唱《豳》，他说："美好啊！宽大呵！欢乐而不过度，恐怕是周公东征的音乐吧！"为他演唱《秦》，他说："这就叫做'夏声'。能发夏声就是宏大，宏大到极点了，恐怕是周朝的旧乐吧！"为他演唱《魏》，他说："美好啊，抑扬浮动呵！粗犷而婉转，急促而易于行腔，用德行加以辅助，就是贤明的君主了。"为他演唱《唐》，他说："思虑深远啊！恐怕有陶唐氏的遗民吧！要不是这样，为什么忧思如此深远呢？不是盛德之人的后裔，谁能像这样？"为他演奏《陈》，他说："国家没有主人，难道能够长久吗？"从《郐》以下就没有评论了。为他演唱《小雅》，他说："美好啊！忧愁而没有二心，怨恨而不形于言语，恐怕是周朝德行衰微时的音乐吧！还是有先王的遗民啊！"为他演唱《大雅》，他说："宽广啊，和美呵！抑扬曲折而本体刚劲，恐怕是文王的德行吧！"为他演唱《颂》，他说："到达顶点了！正直而不放肆，屈从而不卑下，紧密而不局促，悠远而不散漫，变化而不过分，反复而不厌倦，哀伤而不忧愁，欢乐而不荒淫；丰富而不匮乏，宽广而不显露，施予而不损耗，吸收而不贪婪；静止而不停滞，行进而不流荡。五声协调，八风和谐。节拍合于节度，演奏都按次序，这是盛德的人所共同具有的。"

看到跳《象箾》《南籥》舞的，公子札说："美好啊！还有遗憾。"看到跳《大武》舞的，说："美好啊！周朝兴盛的时候，恐怕就是这样吧！"看到跳《韶濩》舞的，说："像圣人那样的弘大,尚且还有缺点而内愧,当圣人不容易啊!"看到跳《大夏》舞的,说:"美好啊! 勤劳而不自居于有德,不是禹,谁能够办到?"看到跳《韶箾》舞的,说:"功德到达极点了,伟大啊,像苍天的无不覆盖,像大地的无不承载。这样盛大的德行,不能再比它有所增加了,观赏就到这里了。如果还有其他音乐,我不敢再请求了。"

他的出国聘问,是为新即位的国君通好。所以接着就到齐国聘问,喜爱晏平仲,对他说:"您赶快交还封邑和政权。没有封邑没有政权,就免于祸患。齐国的政权将会有所归属,没有得到归属,祸患不会停止。"所以晏子通过陈桓子交还政权和封邑,因此免于栾氏、高氏发动的祸乱。

到郑国聘问,见到子产,好像老相识。送给子产白绢大带,子产献上麻布衣服。对子产说:"郑国的执政奢侈,祸患快要来到了,政权一定落到您身上。您执政后,要谨慎地按礼仪办事。不这样,郑国将会败坏。"

到达卫国,喜爱蘧瑗、史狗、史鳅、公子荆、公叔发、公子朝,说:"卫国的君子很多,不会有患难。"

从卫国去晋国,准备在戚地住宿,听到钟声,说:"奇怪啊! 我听说了,爱好争夺而没有德行,必定受到诛戮。这一位就在这上头得罪国君,害怕还来不及,又有什么可以欢乐的? 这一位在这地方,就像燕子在帐幕上做巢。国君还没有安葬,难道能寻欢作乐吗?"立即就离开。孙文子听到了,到死不再听音乐。

到晋国,喜爱赵文子、韩宣子、魏献子,说:"晋国的政权大约要归集在三家了!"喜爱叔向,快要离开时,对叔向说:"您努力吧!国君奢侈而多优秀的臣下,大夫都富有,政权将要归于私家。您喜欢爽直,一定要想着使自己免于祸患。"

郑子产相国（襄公三十、三十一年）

子产在郑国政治舞台上活动达四十年。襄公三十年、三十一年的记载比较集中，事迹也更有代表性，从这两年的记载可以大体看到这个人物的思想面貌和政治才能。"坏晋馆垣"一段辞令，为历来的古文家所赞赏。"择能而使"，也给后世的政治家以有益的启示。"不毁乡校"中对待社会舆论的态度，则体现了当时历史条件下可能达到的清醒和明智的认识。

郑子皮授子产政[1]。辞曰："国小而逼，族大宠多，不可为也。"子皮曰："虎帅以听，谁敢犯子？子善相之。国无小，小能事大，国乃宽。"

子产为政，有事伯石[2]，赂与之邑。子大叔曰："国皆其国也，奚独赂焉？"子产曰："无欲实难。皆得其欲，以从其事，而要其成。非我有成，其在人乎？何爱于邑，邑将焉往？"子大叔曰："若四国何？"子产曰："非相违也，而相从也，四国何尤焉？《郑书》有之曰[3]：'安定国家，必大焉先。'姑先安大，以待其所归。"既，伯石惧而归邑，卒与之。伯有既死，使大史命伯石为卿[4],辞。大史退,则请命焉。复命之,又辞。如是三,乃受策入拜。子产是以恶其为人也,使次己位[5]。

子产使都鄙有章,上下有服,田有封洫,庐井有伍。大人之忠俭者,从而与之;泰侈者,因而毙之[6]。

丰卷将祭[7],请田焉。弗许,曰:"唯君用鲜,众给而已。"子张怒,退而征役。子产奔晋,子皮止之,而逐丰卷。丰卷奔晋。子产请其田里,三年而复之,反其田里及其入焉。

从政一年,舆人诵之曰:"取我衣冠而褚之,取我田畴而伍之。孰杀子产,吾其与之。"及三年,又诵之曰:"我有子弟,子产诲之。我有田畴,子产殖之。子产而死,其谁嗣之?"

癸酉,葬襄公[8]。

公薨(hōng 烘)之月,子产相郑伯以如晋,晋侯以我丧故,未之见也。子产使尽坏其馆之垣而纳车马焉。士文伯让之,曰:"敝邑以政刑之不修,寇盗充斥,无若诸侯之属辱在寡君者何,是以令吏人完客所馆,高其闬(hàn 旱)闳,厚其墙垣,以无忧客使。今吾子坏之,虽从者能戒,其若异客何?以敝邑之为盟主,缮完葺墙,以待宾客,若皆坏之,其何以共(同'供')命?寡君使匄请命。"对曰:"以敝邑褊小,介于大国,诛求无时,是以不敢宁居,悉索敝赋[9],以来会时事。逢执事之不闲,而未得见,又不获闻命,未知见时。不敢输币,亦不敢暴露。其输之,则君之府实也,非荐陈之[10],不敢输也。其暴露之,则恐燥湿之不时而朽蠹,以重敝邑之罪。侨闻文公之为盟主也,宫室卑庳(bì 婢),无观台榭,以崇大诸侯之馆,馆如公寝。库厩缮修,司空以时平易道路[11],圬(wū 污)人以时塓(mì 秘)馆宫室。诸侯宾至,甸设庭燎,仆人巡宫,车马有所,宾从有代,巾车脂辖,隶人、牧、圉(yù 预)各瞻其事,百官之属各展其物[12]。公不留宾,而亦无废事。忧乐同之,事则巡之,教其不知,而恤其不足。宾至如归,无宁灾患,不畏寇盗,而亦不患燥湿。今铜鞮之宫数里[13],而诸侯舍于隶人,门不容车,而不可逾越;盗贼公行,而夭厉不戒。宾见无时,命不可知。若又勿坏,是无所藏币以重罪也。敢请执事,将何所命之?虽君之有鲁丧,亦敝邑之忧也。若获荐币,修垣而行,君之惠也,敢惮勤劳!"文伯复命。赵文子曰:"信。我实不德,而以隶人之垣以赢诸侯,是吾罪也。"使士文伯谢不敏焉。

晋侯见郑伯,有加礼,厚其宴好而归之。乃筑诸侯之馆。叔向曰:"辞之不可以已也如是夫!子产有辞,诸侯赖之,若之何其释辞也?《诗》曰:'辞之辑矣,民之协矣。辞之绎矣,民之莫矣[14]。'其知之矣。"

十二月,北宫文子相卫襄公以如楚,宋之盟故也[15]。过郑,印段往劳于棐林,如聘礼而以劳辞[16]。文子入聘。子羽为行人[17],冯简子与子大叔逆客。事毕而出,言于卫侯曰:"郑有礼,其数世之福也,其无大国之讨乎!《诗》云:'谁能执热,逝不以濯[18]。'礼之于政,如热之有濯也。濯以救热,何患之有?"

子产之从政也,择能而使之。冯简子能断大事;子大叔善秀而文;公孙挥能知四国之为,而辨于其大夫之族姓、班位、贵贱、能否,而又善为辞令;裨谌(chén 忱)能谋,谋于野则获,谋于邑则否[19]。郑国将有诸侯之事,子产乃问四国之为于子羽,且使多为辞令。与裨谌乘以适野,使谋可否,而告冯简子使断之。事成,乃授子大叔使行之,以应对宾客,是以鲜有败事。北宫文子所谓有礼也[20]。

郑人游于乡校[21],以论执政。然明谓子产曰[22]:"毁乡校,如何?"子产曰:"何为?夫人朝夕退而游焉,以议执政之善否。其所行者,吾则行之;其所恶者,吾则改之,是吾师也。若之何毁之?我闻忠善以损怨,不闻作威以防怨。岂不遽止?然犹防川。大决所犯,伤人必多,吾不克救也。不如小决使道,不如吾闻而药之也[23]。"然明曰:"蔑也今而后知吾子之信可事也,小人实不才。若果行此,其郑国实赖之,岂唯二三臣?"

仲尼闻是语也,曰:"以是观之,人谓子产不仁,吾不信也。"

子皮欲使尹何为邑。子产曰:"少,未知可否。"子皮曰:"愿,吾爱之,不吾叛也。使夫往而学焉,夫亦愈知治矣。"子产曰:"不可。人之爱人,求利之也。今吾子爱人则以政,犹未能操刀而使割也,其伤实多。子之爱人,伤之而矣,其谁敢求爱于子？子于郑国,栋也。栋折榱（cuī 摧）崩,侨将厌（同'压'）焉,敢不尽言？子有美锦,不使人学制焉。大官大邑,身之所庇也,而使学者制焉,其为美锦,不亦多乎？侨闻学而后入政,未闻以政学者也。若果行之,必有所害。譬如田猎,射御贯,则能获禽；若未尝登车射御,则败绩厌覆是惧,何暇思获？"子皮曰："善哉！虎不敏。吾闻君子务知大者、远者,小人务知小者、近者。我小人也。衣服附在吾身,我知而慎之；大官大邑,所以蔽身也,我远而慢之。微子之言,吾不知也。他日我曰,'子为郑国,我为吾家以庇焉',其可也。今而后知不足。自今请虽吾家,听子而行。"子产曰："人心之不同,如其面焉。吾岂敢谓子面如吾面乎？抑心所谓危,亦以告也。"子皮以为忠,故委政焉[24],子产是以能为郑国。

注释

〔1〕子产在襄公十九年已经担任卿,但当时伯有执政。本年,伯有被杀,郑国执政的贵族子皮把实权交给子产,子产的名位仅次于子皮。子皮,名罕虎。

〔2〕伯石：即公孙段,郑国贵族,掌握实权的人物。所以下文子太叔说"国皆其国也"。

〔3〕《郑书》：郑国的史籍。

〔4〕任命大臣,由太史把命令写在简上送给被任命者,称为策命。

〔5〕伯石虚伪而有野心,子产担心他作乱,所以让他在六卿中居于第三位。这是一种权宜之计。

〔6〕毙:通"踣",跌倒。

〔7〕丰卷:郑国贵族。又称子张。

〔8〕鲁襄公死于这一年六月。

〔9〕赋:财赋或兵赋。这里用前一种意义。

〔10〕古代诸侯贡赋,把所送的贡物陈列,请主人过目,这种仪式叫做荐陈。

〔11〕司空:掌管工程的官员。

〔12〕甸,即甸人,掌管柴薪的官员。庭燎,火把一类的照明用品。巾车,管理车辆的官员。仆人,从文义上看,应当是管理巡察的官员。隶人、牧、圉都是仆役。

〔13〕铜鞮,山名,在今山西沁县境,当时有晋君的离宫。

〔14〕见《大雅·板》。

〔15〕襄公二十七年,晋、楚等国在宋国举行弭兵之会,会上规定依附两大国的小国要朝见另一大国。卫国依附晋国,所以去朝见楚国。参见本书《弭兵之会》。

〔16〕卫国君臣过境,按惯例只须用"劳"(迎送)的礼仪,升格为聘礼而用"劳辞",是表示特别尊重,所以北宫文子入聘作为回报。印段,郑国大夫,又称子石。郑国有两个子石,一为印段,一为公孙段。

〔17〕子羽,又称公孙挥。行人,管理朝觐聘问的官员。

〔18〕见《大雅·桑柔》。

〔19〕裨谌考虑问题需要安静,城里喧闹扰乱思路。

〔20〕"礼"的范围很广,像子产能而使,也是礼。《论语·宪问》中所记和这里有些出入:"为命,裨谌草创之,世叔(游吉)讨论之,行人子羽修饰之,东里子产润色之。"

〔21〕乡校:地方学校。也是公共聚会的场所。

〔22〕然明:郑国大夫,又称鬷(zōng)蔑。

〔23〕《国语·周语上》记载召公劝谏周厉王说:"防民之口,甚于防川。川壅而溃,伤人必多,民亦如之。是故为川者决之使导,为民者宣之使言。"可以参看。

〔24〕按,"子皮授子产政"以后,在六卿中仍居首位,至此才把全部国政交付给子产。

译文

郑国的子皮把政权交给子产,子产辞谢说:"国家小而逼近大国,家族大而得宠的人多,是无法治理的。"子皮说:"虎率领大家来听从,谁敢触犯您?您好好地辅佐国政。国家无所谓小,小国能事奉大国,国家形势就可以稳定。"

子产治理政事,有事要让伯石去办,把一个城邑赠送给他。子太叔说:"国家就是这伙人的国家,为什么独独赠送给他?"子产说:"没有欲望确实难。他们都满足了欲望,去办理各自的事情,我责成他们把事情办成功。这不是我的成功,还是别人的吗?城邑有什么可爱惜的,它会跑到哪儿去?"子太叔说:"四方的邻国会怎么看呢?"子产说:"不是为了对立,而是为了和顺,四方的邻国对我们有什么可责备的?《郑书》有这样的话:'安定国家,一定要优先照顾大族。'姑且先安定大族,以等待它的趋向。"不久,伯石害怕而交回封邑,但最终还是给了他。伯有死了以后,郑简公派太史任命伯石做卿,伯石辞谢。太史退出,伯有却请求任命。再一次任命他,又辞谢。一连三次,才接受策书入朝拜谢。子产因此讨厌伯石的为人,让他居于自己之下。

子产让城市和边境有所区别,上下尊卑各有制度,田地有四界沟渠,房舍水井有所安排。卿大夫中忠诚俭朴的,听从而亲近他;骄傲奢侈的,根据罪恶加以惩办。

丰卷将要祭祀,请求打猎(以充祭品)。子产不答应,说:"只有国君才用野兽,一般人有家畜就可以了。"丰卷发怒,退下去以后就招集兵卒。子产要逃亡到晋国,子皮阻止他,驱逐了丰卷。丰卷逃亡到晋国。子产请求不要没收丰卷的田地住宅,过了三年后又让他回国,归还他的田地住宅和应有的收入。

子产参与政事一年,人们念诵说:"拿走我的衣帽藏起来,丈量我的土地再安排。谁杀死子产,我跟他一起干。"等到三年,又念诵说:"我有子弟,子产教诲;我有田地,子产栽培;子产死了,谁来继位?"

十月癸酉日,安葬(鲁)襄公。

襄公死去的那个月,子产陪同郑简公去到晋国,晋平公由于我国丧事的缘故,没有会见郑简公。子产派人拆毁晋国宾馆的围墙安放车马。士匄责备他,说:"敝邑由于政事刑罚的不能修明,盗贼到处都是,无奈诸侯的臣属屈驾来向寡君问候,所以命令官吏修缮宾客的馆舍,大门造得高,围墙筑得厚,以不让宾客使者担忧。现在您拆毁了他,虽然您的随从们能够警卫,但别国的宾客怎么办呢?由于敝邑作为盟主,修缮馆舍围墙,来接待宾客,如果都把它毁了,那又用什么来满足宾客的要求呢？寡君派遣丐前来请教。"子产回答说："由于敝邑窄小,处在大国之间,大国的需索贡品又没有一定的时候,因此不敢安居,全部搜索敝邑的财赋,用它前来参与朝会。碰上执事不得空闲,没有能进见,又得不到命令,不知道进见的日期。我们不敢奉献财币,也不敢日晒夜露。奉献以后,就是君主府库中的财物,不经过陈列的仪式,是不敢奉献的。如果把它日晒夜露,又恐怕一时干燥一时潮湿因而朽坏,加重敝邑的罪过。侨听说文公做盟主的时候,宫室低小,没有供游观的台榭,却把接待诸侯的宾馆造得又高又大,如同今天贵国君主的寝宫一样。仓库马房加以修缮,司空按时修整道路,泥瓦工按时粉刷宾馆,诸侯宾客到达,甸人点起庭燎,仆人巡视宾馆,车马有一定的处所,随从有人替代,巾车为车辖加油,隶人和牧人、圉人各自照料分内的事情,官员们各人展示他们的礼品。文公不使宾客耽搁,可是也并没有简省礼仪。和宾客同忧乐,发生事情就安抚慰问,宾客不知道的加以教导,缺乏的加以周济。宾客到来好像回到家里一样,非但没有灾害,不怕抢劫偷盗,而且也不怕干燥潮湿。现在铜鞮山的宫室绵延几里,诸侯却住在奴隶的屋子里,大门进不去车,又不能翻墙进去;盗贼公然横行,传染病又无法防止。宾客进见没有准时候,接见的命令也不知道什么时候发布。如果还不拆毁围墙,这就没地方收藏财礼而加重罪过了。谨敢请问执事,准备对我们有什么指示？尽管君主遭遇鲁国的丧事,这也是敝邑的忧戚。如果得以奉献财礼,修好围墙后就走,这是君主的恩惠,难道敢害怕辛苦勤劳!"士匄复命。赵文子说:"是这样。我们确实德行有亏,把容纳奴隶的围墙去接待诸侯,这是我们的罪过啊。"派士匄去表示歉意。

晋平公接见郑简公,礼仪提高规格,宴会更加隆重、赠送更加丰厚,让他回国。于是就修筑接待诸侯的宾馆。叔向说:"辞令之不能废弃就像这样吧!子产善于辞令,诸侯因此得利,那就怎么能说不要辞令呢?《诗》说:'辞令融洽,百姓就团结了;辞令动听,百姓就安定了。'他已经懂得这个道理了。"

十二月,北宫文子陪同卫襄公去到楚国,这是由于宋国盟会的缘故。经过郑国,印段到棐林慰劳,按照聘问的礼仪而用慰劳的辞令。北宫文子进入国都聘问。子羽做行人,冯简子和子太叔迎接客人。事情完毕以后离开国都,对卫侯说:"郑国合于礼仪,这是几辈子的福气,大概不会有大国的讨伐了吧!《诗》说:'天气酷热,谁不洗澡。'礼仪对于政事,如同炎热时能够洗澡。洗澡用来消除炎热',还有什么忧患?"

子产参与政事,选择贤人使用。冯简子能决断大事;子太叔容貌秀丽而有文采;子羽能了解四方诸国的政事,而且能辨别这些国家中大夫的家族姓氏、官职爵位、地位贵贱、才能高低,又善于辞令;裨谌善于谋划,在野外谋划就有所得,在城里谋划就不行。郑国要有外交事务，子产就向子羽询问四方诸国的政事，并且让他草拟几种不同的外交辞令。和裨谌一起坐车到野外，让他谋划是否可行，把结果告诉冯简子让他决断。准备工作完成，就交给子太叔执行，和宾客交往应对，因此很少把事情办坏。这就是北宫文子所说的合于礼仪。

郑国人在乡校里游玩聚会，以议论执政者的得失。然明对子产说："毁掉乡校，怎么样？"子产说："为什么？那些人早晚事情完了到那里走走，来议论执政者的好坏。他们认为好的，我就推行它；他们所讨厌的，我就改掉它，这是我的老师。为什么要毁掉它？我听说忠于行善以减少怨恨，没有听说作威作福以防止怨恨。难道不能一下子制止（种种议论）？然而这就像防止河水一样。大决口造成的冲击，伤人必然很多，我就不能挽救了。不如有些小决口加以疏导，不如让我听到这些话作为药石。"然明说："蔑从今以后知道您的确是可以事奉的，小人实在没有才能。如果按这办法做，真是有利于郑国，岂但是有利于二三位大臣？"

孔子听到这些话，说："从这件事来看，别人说子产不仁，我是不相信的。"

子皮想要让尹何治理封邑。子产说："年轻，不知道行不行。"子皮说："他老实谨慎，我喜欢他，不会背叛我的。让他到了那里再学习，他也会更加懂得办事了。"子产说："不行。

别人喜欢一个人,总是要求对他有利。现在您喜欢一个人却把政事交给他,如同不会用刀子而要让他去切割,那就常常会使他受到损伤。您的喜欢一个人,不过是使他受到损伤,还有谁敢讨您的喜欢?您在郑国,是栋梁。栋梁折断椽子崩散,侨就会压在底下,岂敢不把话全部说出来?您有了漂亮的锦缎,是不会让人用来学习裁制的。官员城邑,是自身的庇护,反而让学徒去裁制,官员城邑比起漂亮的锦缎来,不是更贵重吗?侨听说学习以后才去办理政事,没有听说把办理政事作为学习的。假定果真这样做了,一定有所伤害。譬如打猎,熟习射箭驾车,就能够获得猎物;如果从没有登上车射过箭驾过车,那么就老害怕车覆人压,哪里有工夫去想获取猎物?"子皮说:"好啊!虎真不聪明。我听说君子致力于了解大的、远的,小人致力于了解小的、近的。我是小人啊。衣服穿在我身上,我了解而且爱惜它;高官大邑是用来庇护自身的,我反而疏远而且轻视它。要是没有您的话,我不会明白的。从前我说,'您治理郑国,我治理我的家族以庇护自己',那就可以了。现在才知道这样还不够。从现在起我请求即使是我家族的事务,也听凭您办理。"子产说:"人心的不一样,好像他的面孔。我哪里敢说您的面孔像我的面孔呢?不过心里觉得危险的,就把它告诉您。"子皮认为他忠诚,所以把权力全部交付给他,子产因此能够治理郑国。

楚公子围娶于郑(昭公元年)

楚国的公子围是楚康王的兄弟。襄公二十八年,康王卒。第二年,康王的儿子郏敖即位,公子围为令尹,开始图谋夺取君位,在国内排除异己,在国外显耀声威。本年到郑国迎娶而密谋袭击郑国,就是扩张权势的一个行动。作者没有正面叙述公子围的企图,而是通过郑国人的戒备和应对来反映。当时郑国子产执政,国内安定,所以敢于采取强硬而有克制的态度。

元年春,楚公子围聘于郑[1],且娶于公孙段氏。伍举为介。将入馆。郑人恶之[2],使行人子羽与之言,乃馆于外。既聘,将以众逆。子产患之,使子羽辞,曰:"以敝邑褊小,不足以容从者,请墠(shàn 善)听命[3]。"令尹命大宰伯州犁对曰:"君辱贶寡大夫围,谓围'将使丰氏抚有而室[4]'。围布几筵,告于庄、共之庙而来。若野赐之,是委君贶于草莽也,是寡大夫不得列于诸卿也。不宁唯是,又使围蒙其先君,将不得为寡君老,其蔑以复矣[5]。惟大夫图之。"子羽曰:"小国无罪,恃实其罪。将恃大国之安靖己,而无乃包藏祸心以图之。小国失恃,而惩诸侯,使莫不憾者,距违君命,而有所壅塞不行是惧。不然,敝邑馆人之属也,其敢爱丰氏之祧?"伍举知其有备也,请垂橐(gāo 高)而入[6]。许之。

注释

〔1〕公子围,楚国令尹,即后来的楚灵王,请参看本书《上下其手》及《楚灵王乾溪之难》。

〔2〕从下文来看,郑国人讨厌公子围是因为他想借迎娶之机袭击郑国。

〔3〕埠:经过整理供典礼用的地面。当时的礼仪规定,迎娶仪式要在祖庙(即下文所说的"祧")中举行。

〔4〕寡大夫:在其他诸侯国的国君前对本国的大夫的称呼,如同称本国国君为寡君一样。丰氏:公孙段,赐姓丰。

〔5〕郑国给予公子围的待遇,和他的令尹身份不能相称,所以有"不能列于诸卿""蔑以复矣"的回答。

〔6〕表示不携带任何武器。

译文

昭公元年春季,楚国的公子围到郑国聘问,同时娶公孙段家的女子。伍举任副使。准备进入宾馆。郑国人讨厌公子围,派行人子羽向他表示,于是就住在城外。聘礼完成后,准备带领士兵迎娶。子产为此担心,派子羽拒绝,说:"由于敝邑窄小,无法全部容纳随从,请求在郊区开辟埠场以听取命令。"公子围命令太宰伯州犁回答说:"承蒙君主恩赐寡大夫围,对围说'要使丰氏让你成家'。围敬备筵席,祭告庄王、共王的神庙后前来。如果在野外恩赐给我,这是把国君的恩惠丢在草莽里,也是让寡大夫不能处在卿的行列里了。不仅如此,又让围蒙骗了他的先君,就将不能再做寡君的大臣,恐怕也没有脸面回去了。请大夫斟酌一下。"子羽说:"小国没有罪过,一味依仗大国倒确实是罪过。准备依仗大国安定自己,可是大国也许包藏祸心打小国的主意。小国失去依靠,因而诸侯得到教训,无不怨恨,君主的命令遭到抵触抗拒而不能畅通无阻,才是我们担心的。如果不是这样,敝邑就等于宾馆一样,岂敢爱惜丰氏的祖庙?"伍举知道郑国有了防备,请求倒转弓袋进入国都。郑国同意了。

晏子不更旧宅(昭公三年)

晏子的故事集中于《晏子春秋》,又散见于其他秦汉古籍。这里所写的晏子对待住房问题的态度,也许接近于矫枉过正,不过也只有这样才能表示真正的决心。襄公十五年宋国向戌批评鲁国孟献子的住宅过于奢侈,孟献子说,这是他出使晋国期间他的哥哥给他盖的,做兄弟的岂能责备哥哥。理由极为堂皇,结果自然是安居不动。作者记录这两段故事并不见得有意地用来对比,但读者却常常会无意地把它们联系起来。

初,景公欲更晏子之宅,曰:"子之宅近市,湫隘嚣尘,不可以居,请更诸爽垲者。"辞曰:"君之先臣容焉,臣不足以嗣之,于臣侈矣。且小人近市,朝夕得所求,小人之利也,敢烦里旅[1]?"公笑曰:"子近市,识贵贱乎?"对曰:"既利之,敢不识乎?"公曰:"何贵,何贱?"于是景公繁于刑,有鬻踊者,故对曰:"踊贵,屦(jù巨)贱。"——既已告于君,故与叔向语而称之[2]。——景公为是省于刑。

君子曰:"仁人之言,其利博哉!晏子一言,而齐侯省刑。

《诗》曰:'君子如祉,乱庶遄已。'其是之谓乎!"

及晏子如晋,公更其宅,反则成矣。既拜,乃毁之,而为里室皆如其旧,则使宅人反之,曰:"谚曰:'非宅是卜,唯邻是卜。'二三子先卜邻矣。违卜不祥。君子不犯非礼,小人不犯不祥,古之制也。吾敢违诸乎?"卒复其旧宅,公弗许。因陈桓子以请,乃许之。

注释

〔1〕里旅:管理官员房屋的官。

〔2〕这一段记载的上文是晏子出使齐国、和叔向谈话。谈话中,晏子和叔向都对本国的未来表示悲观,所以晏子提到"踊贵屦贱",作为齐国朝政腐败的佐证。向国君说过以后再告诉叔向,表示晏子并非没有原则。

译文

起初,齐景公要为晏子更换住房,说:"您的住房靠近集市,低湿窄小,喧闹多尘土,不能居住,请换到高爽的房子里去。"晏子辞谢说:"君王的先臣在这里容身,下臣不足以继承先人,(住这样的房子)对下臣已经是过分了。而且小人靠近市场,早晚能得到所需要的东西,这是小人的利益,哪里敢给里旅添麻烦?"景公笑着说:"您靠近市场,知道物品的贵贱吗?"回答说:"既然以它为利,岂敢不知道呢?"景公说:"什么东西贵,什么东西贱?"当时景公滥用刑罚,有出卖假腿的,所以回答说:"假腿贵,鞋子贱。"——已经告诉了国君,所以和叔向谈话时提到这件事。——景公为此减省刑罚。

君子说:"仁人的话,它的利益多么博大呀!晏子一句话,齐景公就减省刑罚。《诗》说:'君子如果喜悦,祸乱差不多就会停歇。'说的就是这个吧!"

等到晏子到晋国去,景公更换他的住宅,回来的时候已经完成了。晏子拜谢以后,就拆毁了新房子把邻居的房子恢复得和原来一样,让原来的住户回来,说:"俗话说:'不是住宅需要占卜选择,唯有邻居需要占卜选择。'这几位已经先占卜过邻居了。违背占卜不吉祥。君子不干不合礼仪的事,小人不干不吉祥的事,这是古代的制度。我敢违背它吗?"最后还是要恢复他的旧房子,景公不同意。通过陈桓子请求,景公才同意了。

吴蹶由犒楚师（昭公五年）

春秋后期，吴国崛起，在长江中下游和楚国争霸，经常发生战争。这一次鹊岸之役规模不大，蹶由的一篇辞令却颇为有名，《韩非子·说林下》也有记载，但不如《左传》详细。《左传》作者相信天命鬼神，蹶由论卜的一段话却透露了可贵的辩证思想。

冬十月，楚子以诸侯及东夷伐吴，以报棘、栎、麻之役[1]。薳(wěi委)射以繁阳之师会于夏汭。越大夫常寿过帅师会楚子于琐。闻吴师出，薳启强帅师从之，遽不设备，吴人败诸鹊岸[2]。楚子以驲至于罗汭。

吴子使其弟蹶由犒师[3]，楚人执之，将以衅鼓。王使问焉，曰："女卜来吉乎？"对曰："吉。寡君闻君将治兵于敝邑，卜之以守龟[4]，曰：'余亟使人犒师，请行以观王怒之疾徐，而为之备，尚克知之[5]。'龟兆告吉，曰：'克可知也。'君若欢焉，好逆使臣，滋敝邑休怠，而忘其死，亡无日矣。今君奋焉震电冯(同'凭')怒，虐执使臣，将以衅鼓，则吴知所备矣。敝邑虽羸，若早修完，其可以息师。难易有备，可谓吉矣。且吴社稷是卜,岂为一人?使臣获衅军鼓,而敝邑知备,以御不虞,其为吉孰大焉?国之守龟,其何事不卜?一臧一否(pǐ痞),其谁能常之?城濮之兆,其报在邲[6]。今此行也,其庸有报志?"乃弗杀。

注释

〔1〕棘、栎、麻战役发生在一年前冬天,当时吴国攻打楚国,楚军失利。

〔2〕鹊岸:当在今安徽池州、铜陵一带江边。

〔3〕名为犒师,实为探听虚实。此事发生在两军交战之前。

〔4〕占卜用火烤龟甲,从裂纹以占吉凶。

〔5〕占卜之前,要说明所要占卜的内容,这些说明辞就叫命辞或令辞。"余亟使人犒师"几句就是命辞。

〔6〕晋楚城濮之战,楚人卜吉,然而兵败。邲之战,楚军获胜。但《左传》没有记载城濮之战战前占卜的情况。

译文

昭公五年冬季十月,楚灵王带领诸侯和东夷的军队攻打吴国,以报复棘地、栎地、麻地的那次战役。薳射带领繁阳的军队在夏汭会合。越国的大夫常寿过领兵和楚灵王在琐地会合。听到吴军出动,薳启强领兵迎战,匆忙中没有设防,吴国人在鹊岸击败了他。楚灵王乘坐驿车到达罗汭。

吴王夷末派他的兄弟蹶由到楚军中犒劳,楚国人拘囚蹶由,准备把他杀了以血涂鼓。楚灵王派人问他,说:"你占卜过这一趟吉利吗?"回答说:"吉利。寡君听说君主准备在敝邑检阅军队,用守龟来占卜,说:'我赶紧派人犒劳军队,去到那里观察楚王怒气的大小,加以戒备,请让我能事先知道。'龟甲的裂纹预示吉利,说:'得胜可以预知。'君主如果高高兴兴,迎接使臣,使敝邑滋长懈怠,因而忘记危险,我们离灭亡就没有几天了。现在君主勃然大发雷霆,虐待并且拘囚使臣,准备用血来涂在鼓上,那么吴国就知道该怎么戒备了。敝邑虽然疲弱,如果早日把城郭武器修缮完备,也许能平息这次战争。对患难和平安都有准备,可以说吉利了。而且吴国占卜国家的吉凶,岂是为了一个人?使臣得能以血涂军鼓,而敝邑知道戒备,来防止意外,作为吉利还有比这更大的吗?国家的守龟,什么事情不用来占卜,一吉一凶,谁能使它件件应验?城濮占卜所透露的预兆,它的应验在邲地。现在这一趟,(占卜所透露的预兆)也许有一天会应验的。"楚灵王于是没有杀死蹶由。

楚灵王乾溪之难(昭公十二、十三年)

《左传》中的楚灵王,贪婪、奢侈、残暴、荒唐,然而不乏人情味,有时甚至近于天真。这个人物从襄公二十六年《上下其手》开始出现,其后通过各种角度的描绘展示了人物性格,最后在"乾溪之难"中,集中地、特写式地推到了读者面前。还用两次倒叙两件小事来完成了这一人物的描绘。

右尹子革入谏一大段文字,写了一些看来无关紧要的细节,盘马弯弓,左旋右转,最后一箭中的。这种铺垫、跌宕的技巧,已经接近于成熟的小说家的水平。

楚子狩于州来,次于颍尾[1],使荡侯、潘子、司马督、嚻尹午、陵尹喜帅师围徐以惧吴。楚子次于乾溪[2],以为之援。雨雪,王皮冠、秦复陶[3]、翠被、豹舄(xì 戏),执鞭以出,仆析父从[4]。右尹子革夕[5],王见之,去冠、被,舍鞭,与之语,曰:"昔我先王熊绎,与吕伋、王孙牟、燮父、禽父并事康王,四国皆有分[6],我独无有。今吾使人于周,求鼎以为分[7],王其与我乎?"对曰:"与君王哉!昔我先王熊绎辟在荆山，筚路蓝缕，以处草莽，跋涉山川，以事天子，唯是桃弧棘矢以共（同'供'）御王事。齐，王舅也，晋及鲁、卫，王母弟也[8]，楚以是无分，而彼皆有。今周与四国服侍君王，将唯命是从，岂其爱鼎？"王曰："昔我皇祖伯父昆吾，旧许是宅。今郑人贪赖其田，而不我与，我若求之，其与我乎？"对曰："与君王哉！周不爱鼎，郑敢爱田？"王曰："昔诸侯远我而畏晋，今我大城陈、蔡、不羹，赋皆千乘，子与有劳焉。诸侯其畏我乎？"对曰："畏君王哉！是四国者[9]，专足畏也。又加之以楚，敢不畏君王哉！"工尹路请曰："君王命剥圭以为鏚柲，敢请命[10]。"王入视之。析父谓子革："吾子，楚国之望也。今与王言如响[11]，国其若之何？"子革曰："磨厉以须，王出，吾刃将斩矣[12]。"王出，复语，左史倚相趋过，王曰："是良史也，子善视之。是能读《三坟》《五典》《八索》《九丘》[13]。"对曰："臣尝问焉，昔穆王欲肆其心[14]，周行天下，将皆必有车辙马迹焉。祭（zhài债）公谋父作《祈招》之诗以止王心，王以是获没于祗宫。臣问其诗而不知也。若问远焉，其焉能知之？"王曰："子能乎？"对曰："能。其诗曰：'祈招之愔愔，式昭德音。思我王度，式如玉，式如金。形民之力，而无醉饱之心[15]。'"王揖而入，馈不食，寝不寐，数日；不能自克，以及于难。

仲尼曰："古也有志：'克己复礼，仁也。'信善哉！楚灵王若能如是，岂其辱于乾溪？"

楚子之为令尹也，杀大司马薳掩，而取其室[16]。及即位，夺薳居田；迁许而质许围[17]。蔡洧有宠于王，王之灭蔡也，其父死焉，王使与守而行[18]。申之会，越大夫戮焉[19]。王夺斗韦龟中犫，又夺成然邑，而使为郊尹[20]。蔓成然故事蔡公[21]。故薳氏之族及薳居、许围、蔡洧、蔓成然，皆王所不礼也，因群丧职之族，启越大夫常寿过作乱，围固城，克息舟，城而居之。

观起之死也，其子从在蔡，事朝吴[22]，曰："今不封蔡，蔡不封矣。我请试之。"以蔡公之命召子干、子晰[23]，及郊，而告之情，强与之盟，入袭蔡。蔡公将食，见之而逃[24]。观从使子干食，坎，用牲，加书而速行[25]。己徇于蔡，曰："蔡公召二子，将纳之。与之盟而遣之矣，将师而从之。"蔡人聚，将执之[26]。辞曰："失贼成军，而杀余，何益？"乃释之。朝吴曰："二三子若能死亡，则如违之，以待所济。若求安定，则如与之，以济所欲。且违上，何适而可？"众曰："与之。"乃奉蔡公，召二子而盟于邓，依陈、蔡人以国。楚公子比、公子黑肱、公子弃疾、蔓成然、蔡朝吴帅陈、蔡、不羹、许、叶之师因四族之徒以入楚[27]。及郊，陈、蔡欲为名，故请为武军。蔡公知之，曰："欲速，且役病矣，请藩而已[28]。"乃藩为军。蔡公使须务牟与史猈先入，因正仆人杀大子禄及公子罢敌[29]。公子比为王，公子黑肱为令尹。次于鱼陂。公子弃疾为司马，先除王宫，使观从从师于乾溪，而遂告之，且曰："先归复所，后者劓（yì 艺）。"师及訾梁而溃。

王闻群公子之死也，自投于车下，曰："人之爱其子也，亦如余乎？"侍者曰："甚焉。小人老而无子，知挤于沟壑矣。"王曰："余杀人子多矣，能无及此乎？"右尹子革曰："请待于郊，以听国人。"王曰："众怒不可犯也。"曰："若入于大都，而乞师于诸侯。"王曰："皆叛矣！"曰："若亡于诸侯，以听大国之图君也。"王曰："大福不再，只取辱焉。"然丹乃归于楚。王沿夏，将欲入鄢[30]。芋尹无宇之子申亥曰："吾父再奸（同'干'）王命[31]，王弗诛，惠孰大焉。君不可忍，惠不可弃，吾其从王。"乃求王，遇诸棘围以归。夏五月癸亥，王缢于芋尹申亥氏。申亥以其二女殉而葬之。

观从谓子干曰："不杀弃疾，虽得国，犹受祸也[32]。"子干曰："余不忍也。"子玉曰："人将忍子，吾不忍俟也。"乃行。国每夜骇曰："王入矣[33]！"乙卯夜，弃疾使周走而呼曰："王至矣！"国人大惊。使蔓成然走告子干、子晰曰："王至矣，国人杀君司马，将来矣。君若早自图也，可以无辱。众怒如水火焉，不可为谋。"又有呼而走至者，曰："众至矣！"二子皆自杀。丙辰，弃疾即位，名曰熊居。葬子干于訾，实訾敖。杀囚，衣之王服，而流诸汉，乃取而葬之，以靖国人。使子旗为令尹。

楚师还自徐，吴人败诸豫章，获其五帅。

平王复陈、蔡，复迁邑，致群赂，施舍宽民，宥罪举职。召观从，王曰："唯尔所欲。"对曰："臣之先佐开卜。"乃使为卜尹。使枝如子躬聘于郑，且致犨、栎之田[34]。事毕，弗致。

郑人请曰:"闻诸道路,将命寡君以军、栎,敢请命。"对曰:"臣未闻命。"既复,王问军、栎,降服而对[35],曰:"臣过失命,未之致也。"王执其手,曰:"子毋勤,姑归。不穀有事,其告子也。"

他年,芋尹申亥以王柩告,乃改葬之。

初,灵王卜曰:"余尚得天下[36]!"不吉。投龟,诟天而呼之曰:"是区区者而不余畀,余必自取之。"民患王之无厌也,故从乱如归。

初,共(同"恭")王无冢适(同"嫡"),有宠子五人,无适立焉。乃大有事于群望而祈曰:"请神择于五人者,使主社稷。"乃遍以璧见于群望,曰:"当璧而拜者,神所立也,谁敢违之?"既,乃与巴姬密埋璧于大室之庭,使五人齐(同"斋"),而长入拜。康王跨之,灵王肘加焉,子干、子晰皆远之。平王弱,抱而入,再拜,皆厌(同"压")纽。斗韦龟属成然焉,且曰:"弃礼违命[37],楚其危哉!"

子干归[38],韩宣子问于叔向曰:"子干其济乎?"对曰:"难。"宣子曰:"同恶相求,如市贾焉,何难?"对曰:"无与同好,谁与同恶?取国有五难:有宠而无人,一也;有人而无主,二也;有主而无谋,三也;有谋而无民,四也;有民而无德,五也。子干在晋,十三年矣。晋、楚之从,不闻达者,可谓无人;族尽亲叛,可谓无主;无衅而动,可谓无谋;为羁终世,可谓无民;亡无爱征,可谓无德。王虐而不忌,楚君子干,涉五难以弑旧君,谁能济之?有楚国者,其弃疾乎!君陈、蔡,城外属焉。苟慝不作，盗贼伏隐，私欲不违，民无怨心。先神命之，国民信之。芈姓有乱，必季实立，楚之常也。获神，一也；有民，二也；令德，三也；宠贵，四也；居常，五也。有五利以去五难，谁能害之？子干之官，则右尹也；数其贵宠，则庶子也；以神所命，则又远之。其贵亡矣，其宠弃矣，民无怀焉，国无与焉，将何以立？"宣子曰："齐桓、晋文，不亦是乎？"对曰："齐桓，卫姬之子也，有宠于僖；有鲍叔牙、宾须无、隰（xí夕）朋以为辅佐[39]，有莒、卫以为外主，有国、高以为内主[40]；从善如流，下善齐肃；不藏贿，不从欲，施舍不倦，求善不厌，是以有国，不亦宜乎？我先君文公，狐季姬之子也[41]；有宠于献；好学而不贰，生十七年，有士五人。有先大夫子余、子犯以为腹心，有魏犨、贾佗以为股肱，有齐、宋、秦、楚以为外主，有栾、郤、狐、先以为内主，亡十九年，守志弥笃。惠、怀弃民，民从而与之。献无异亲，民无异望。天方相晋，将何以代文？此二君者，异于子干。共有宠子，国有奥主[42]；无施于民，无援于外；去晋而不送，归楚而不逆，何以冀国？"

注释

〔1〕冬天围猎称为狩，围猎又往往同时又是阅兵，所以下文紧接发兵围徐。徐，即今江苏徐州市一带。州来、颍尾，均在今安徽境内。楚灵王即位后十一年，不断对外扩张，新兴的吴国是他的大敌。徐国依附吴国，所以"围徐以惧吴"。

〔2〕乾溪：在今安徽亳州境内。

〔3〕秦复陶：产于秦国的以鸟羽制成的衣服。

〔4〕仆析父:仆,官名,即太仆。析父,人名。《国语·楚语》称之为"仆夫子皙"。

〔5〕子革:郑国大夫子然之子,名丹,在楚国任右尹。又称郑丹、然丹。

〔6〕四国指齐、卫、晋、鲁,上句的吕伋等四人即四国初期的国君。分,颁赐,颁赏。

〔7〕这里提到的鼎应即九鼎,是周天子的传世宝器,政权的象征。宣公三年,楚庄王曾经向周朝的使臣王孙满问过鼎的大小轻重,参见本书《王孙满对楚子》。楚灵王则公然表示要占有它。

〔8〕周成王的母亲是姜太公的女儿,鲁国的始祖周公旦、卫国的始祖康叔是周武王的胞弟,晋国的始祖唐叔是周成王的胞弟。

〔9〕国,此处指都邑。陈、蔡、不羹原来都是小国,为楚所灭,成为楚国的都邑。"四国"有两说:一、不羹有东、西两个不羹,所以总数为四;二、"四"古文作"亖",与"三"极易相混,"四国"当是"三国"之误。均可通。

〔10〕工尹,掌管工程、工艺的官员。路,人名。楚灵王正和子革对话,工尹路临时请示,所以灵王转身入内。

〔11〕响,回声。与王言如响,如同今天说"应声虫"。

〔12〕以刀刃比喻言语的锋芒。

〔13〕都是早已失传的古书。

〔14〕周穆王曾巡游天下,春秋战国时代就有许多关于他的传说。

〔15〕据杜预注,祈招是人名。子革用这首诗讽谏使灵王为之震动,所以吃不下饭,睡不着觉。

〔16〕楚灵王在襄公二十九年任楚国令尹。三十年,杀薳掩。室,财产,包括房屋、财物和奴隶。

〔17〕昭公九年,楚灵王把许国人迁到夷地(今安徽亳州一带)。许

围,许国大夫,名围。

〔18〕襄公十一年,楚灵王灭蔡国。

〔19〕昭公四年,楚灵王会合诸侯在申地盟会,越国大夫常寿过在会上被罚示众。从下文"作乱"来看,常寿过似一直留在楚国。

〔20〕成然,斗韦龟之子。封于蔓,又称蔓成然、子旗。楚灵王任命蔡洧、成然守卫国都及郊区,可见其昏乱。

〔21〕蔡公,即公子弃疾,楚灵王之弟。楚国这次动乱,为首者即楚灵王的三个兄弟。见下文。

〔22〕观起受到令尹子南的信任,襄公二十二年,楚康王杀子南,车裂观起。朝吴,蔡大夫声子之子。观从由于国仇家恨,成为动乱的另一股力量。

〔23〕这二人都是楚灵王的兄弟。襄公元年,楚灵王缢杀郏敖夺位,子干逃亡到晋国,子晳逃亡到郑国。子干又称公子比,子晳又称公子黑肱。

〔24〕蔡公弃疾事先不知两个哥哥回来,骤然一见,以为要对自己不利,所以惊逃。

〔25〕制造弃疾招待子干、与子干盟誓的假象。

〔26〕蔡国人不愿背叛灵王,所以要抓观从。

〔27〕四族:指蔿掩、许围、蔡洧、蔓成然四个家族。

〔28〕武军是营垒。陈、蔡两国要在楚国境内留下这次战争的痕迹,蔡公弃疾是楚国的王子,因此不愿意而托辞。

〔29〕正仆人:太子的近侍官。太子禄和公子罢敌都是楚灵王的儿子。

〔30〕夏水,汉水的别名。鄢,在今湖北宜城市境。

〔31〕芊尹,官名。无宇,人名。楚灵王做令尹时,曾使用国王的旌旗打猎,为芊尹无宇砍断。即位以后,无宇又闯入王宫捉拿逃亡的人。

所以说"再奸王命"。

〔32〕子干兄弟之间争夺君位,而子干长期流亡晋国,在楚国的基础不如弃疾。

〔33〕由于灵王生死不明,因而惊扰。弃疾利用它再次发动政变。

〔34〕犨、栎两地本属郑国,为楚国所夺。

〔35〕表示请罪。

〔36〕这是命辞,参见本书《吴蹶由犒楚师》。尚,这里表示希望,意同于"庶几"。

〔37〕没有嫡子,就应在庶子中立长而不必求神;既已求神,就应按神的意思立平王而不立康王。这两者都没有做到,所以是弃礼、违命。

〔38〕这一大段倒叙晋国大臣的议论。

〔39〕鲍叔牙知人善任、宾须无执法严明、隰朋长于辞令,都是辅佐齐桓公的贤臣。

〔40〕国氏、高氏是齐国的大家族。

〔41〕和晋文公有关的人和事,参看本书《晋公子重耳之亡》。

〔42〕宠子,指弃疾。奥主,指楚灵王。

译文

楚灵王在州来狩猎,驻扎在颖尾,派荡侯、潘子、司马督、嚣尹午、陵尹喜领兵包围徐国以威胁吴国。楚灵王驻在乾溪,作为他们的后援。下雪,楚灵王头戴皮帽,身穿秦国的羽衣,外披翠羽披肩,脚蹬豹皮鞋,手拿鞭子走出来,仆析父随侍在侧。右尹子革晚上进见,楚灵王接见他,脱掉帽子、披肩,扔掉鞭子,跟他说话,说:"从前我们先王熊绎,和吕伋、王孙牟、燮父、禽父一起事奉(周)康王,四个国家都得到颁赐,唯独我国没有。现在我派人到成周,请求把鼎作为颁赐,天子会给我吗?"子革回答说:"会给君王的啊!从前我们先王熊绎僻处荆山,乘柴车、穿破衣,住在丛生的杂草之中,跋山涉水,事奉天子,只能用桃木弓枣木箭作为进贡。齐国,是天子的舅父,晋国和鲁国、卫国,是天子的同胞兄弟,楚国因此没有得到颁赐,他们可都得到了。现在周朝和四个国家都顺服事奉君王,将会唯命是从,难道还敢爱惜鼎?"楚灵王说:"从前我们远祖的伯父昆吾,居住在许国的旧地,现在郑国人贪图那里的田地,不给我们。我们如果要求得到它,他们会给我们吗?"回答说:"会给君王的啊!周朝不爱惜鼎,郑国哪敢爱惜田地?"楚灵王说:"从前诸侯疏远我们却害怕晋国,现在我们大修陈、蔡和不羹的城墙,每地都有战车千辆,您也是有功劳的。诸侯会害怕我们吗!"回答说:"会害怕君王的啊!这四个城邑,就足够让人害怕了。又加上楚国,诸侯哪敢不怕君王?"工尹路请示说:"君王命令破开圭玉来装饰斧柄,谨请指示。"楚灵王进去察看。析父对子革说:"您是楚国中有声望的人。现在和君王应对好像他的回声,国家怎么办?"子革说:"我磨快刀刃等着,君王出来,我的刀刃就要砍下去了。"楚灵王出来,重新说话。左史倚相快步走过,楚灵王说:"这是好史官,您要好好看待他。这个人能够读《三坟》《五典》《八索》《九丘》。"回答说:"下臣曾经问过他,从前周穆王想要满足他的欲望,周游天下,要求到处都有他的车辙马迹,祭公谋父作了《祈招》这首诗来遏止穆王的欲望,穆王因此得以善终于祇宫。下臣问这首诗他就不知道。如果问遥远的事情,他哪里能够知道?"楚灵王说:"您知道吗?"回答说:"知道。这首诗说:'祈招安详和悦,表明了有德者的声音。想起我君王的气度,好像玉,好像金。保存百姓的力量,自己没有醉饱之心。'"楚灵王向子革作了个揖,就进去,吃不下饭,睡不着觉,有好几天;不能克制自己,因而遇上了祸难。

孔子说:"古时候有记载说:'克制自己回复到礼,这是仁。'真是说得好啊!楚灵王如果能够像这样,难道会在乾溪蒙受耻辱?"

楚灵王做令尹的时候,杀了大司马蒍掩,占取了他的家财。等到即位以后,夺取了蒍居的田地,把许地的人迁走而把许围作为人质。蔡洧受到灵王宠信,灵王灭亡蔡国,蔡洧的父亲被杀,灵王派他参与守卫国都然后动身。申地的盟会,越国的大夫受到侮辱。灵王夺取斗韦龟的封邑中犫,又夺取成然的封邑,却派成然担任郊尹。蔓成然以前事奉过蔡公弃疾。过去蒍氏的亲族和蒍居、许围、蔡洧、蔓成然,都是灵王所不加礼遇的人,凭借着那些丧失职位的人的亲族,煽动越国大夫常寿过发动叛乱,包围固城,攻占息舟,筑起城墙住在里面。

观起死去的时候,他的儿子观从正在蔡地,事奉朝吴,说:"现在还不恢复蔡国,蔡国就不能恢复了。我请求试一下。"用蔡公弃疾的名义召回子干、子晳,他们到达郊外,就把情况告诉他们,强迫和他们结盟,进袭蔡地。蔡公弃疾正要吃饭,见到他们就逃走了。观从让子干吃饭,挖坑,用牺牲,把盟书放在牺牲之上就很快离开。观从在蔡地公开宣布,说:"蔡公召见这两个人,打算把他们送回楚国。已经和他们结盟并让他们走了,还准备领兵帮助他们。"蔡地的人聚集起来,要抓住观从。观从辩解说:"贼人已经失去,军队已经组成,杀我,有什么用?"于是就把他放了。朝吴说:"诸位如果愿意被杀死或者逃亡,那就别听蔡公,静待事情的成败。如果要求安定,那就跟蔡公一起,使他达到目的。而且违背上面,诸位将何所适从?"大家说:"跟蔡公一起!"于是就奉事蔡公,召见子干、子晳两个人在邓地结盟,用重建国家动员陈、蔡两地的人作为依靠。楚国的子干、子晳、弃疾、蔓成然、蔡国的朝吴率领陈、蔡、不羹、许、叶等地的军队,依仗着四个家族的族人部属,进入楚国。到达郊区,陈地人、蔡地人想要打出重建国家的名义,所以请求筑起壁垒。蔡公知道这件事,说:"行动需要迅速,而且役人已经疲劳,编成篱笆就行了。"于是就用篱笆围起军营。蔡公派须务牟和史猈先进入楚都,靠着正仆人杀了太子禄和公子罢敌。子干做了楚王,子晳做了令尹。军队驻扎在鱼陂。弃疾做了司马,先清理王宫,派观从到乾溪和部队接触,把情况告诉他们,并且说:"早回去的可以恢复禄位,晚回去的割掉鼻子。"楚灵王的军队回师到达訾梁就溃散了。

楚灵王听到公子们的死讯，自己摔到车下边，说："别人疼爱他的儿子，也像我吗？"侍者说："还有超过的。小人年老而没有儿子，自己明白（死后）会挤在沟里的。"楚灵王说："我杀死别人的儿子太多了，怎能不到这地步吗？"右尹子革说："请在国都的郊外等待，听从国都内人们的裁决。"楚灵王说："众人的愤怒是不能冒犯的。"子革说："也许可以去到大的都邑，向诸侯请求出兵。"楚灵王说："都背叛我了。"子革说："也许可以逃亡到诸侯那里，听凭别的大国为君王出主意。"楚灵王说："大的福命不会再一次来临，只能自取其辱而已。"子革就（离开灵王）回到楚国去了。楚灵王沿夏水而下，准备进入鄢地。芋尹无宇的儿子申亥说："我的父亲两次触犯君王的命令，君王不加诛戮，还有比这更大的恩惠吗？对国君不能忍心，恩惠不能抛弃，我还是跟随君王。"于是就寻找楚灵王，在棘闱碰上了带他回家。夏季五月癸亥日，灵王在芋尹申亥家里自缢而死。申亥把他的两个女儿作为人殉安葬灵王。

观从对子干说："如果不杀弃疾，虽然得到国家，还是会受到祸害的。"子干说："我不忍心啊。"观从说："别人将会对您忍心的，我不忍心等待（到那一天了）。"于是就走了。国都里常常有人夜里惊叫说："君王进来了！"乙卯日夜里，弃疾派人到处喊叫说："君王到了！"人们十分惊恐。让蔓成然跑去告诉子干、子晳说："君王到了，国都里的人们杀了您的司马，快要杀来了。您如果早一点自己打主意，可以免受侮辱。大伙的愤怒如同水火,无法可想了。"又有喊着跑来的人,说:"大伙来到了!"子干、子晰都自杀。丙辰日,弃疾即位,改名为熊居。把子干安葬在訾地,就是訾敖。杀死一个囚徒,穿上楚灵王的衣服,让尸体在汉水上漂流,又收尸安葬,以安定国内的人们。让蔓成然做令尹。

楚军从徐国回来,吴国人在豫章打败楚军,俘虏了楚军五个将领。

楚平王弃疾重建陈、蔡两国,让迁出去的人回老家,把财物赏给大家,布施恩惠,使百姓宽裕,赦免罪人,举拔被废弃的官员。召见观从,楚平王说:"随你要什么。"回答说:"下臣的先人是卜尹的助手。"于是就让他做卜尹。派枝如子躬到郑国聘问,并且交还犨、栎的田地。聘问结束,没有交还。郑国人请问说:"听到道路传闻,将要把犨地、栎地赐给寡君,谨请执行。"回答说:"下臣没有听到命令。"回国复命以后,平王问起犨地、栎地的事,他脱去上衣回答说:"下臣故意违背王命,没有交还。"平王拉着他的手,说:"您不要委屈自己!先回去,不穀以后有事,还会要您去办的。"

过了几年,芋尹申亥把灵王棺木所在报告平王,于是就重新安葬。

起初,楚灵王占卜,说:"我想要得到天下!"结果不吉利。扔掉龟甲,责骂上天喊叫说:"这一点点都不给我,我一定要自己拿过来。"百姓忧虑灵王贪得无厌,所以参加动乱好像回家一样。

起初，楚共王没有嫡长子，有宠爱的儿子五个人，不知道立谁做太子。于是就大祭诸神，祈祷说："请求神灵在五个人里选择，让他主持国家。"于是就把玉璧展示于神前，说："正对着玉璧叩拜的，就是神灵所立的人，谁敢违背？"祭祀完毕，就和巴姬秘密地把玉璧埋在祖庙的院子里，让这五个人斋戒，然后按长幼次序进去叩拜。康王两脚跨在璧上，灵王的胳臂放在上面，子干、子晳都离得很远。平王还小，抱进来，两次叩拜都压在璧纽上。斗韦龟把成然托付给平王，并且说："抛弃礼仪违背天命，楚国恐怕危险了。"

子干回国的时候，韩宣子询问叔向说："子干恐怕会成功吧！"回答说："难。"韩宣子说："憎恶相同而互相需求，就像市场上的商人做交易，难在哪里？"回答说："没有人和他有共同的喜好，谁和他会有共同的憎恶？得到国家有五条难处：有了显贵的身份而没有贤人，这是一；有了贤人而没有内应，这是二；有了内应而没有谋略，这是三；有了谋略而没有百姓，这是四；有了百姓而没有德行，这是五。子干在晋国，十三年了，晋国、楚国跟从他的人，没有听说有明智之士，可以说没有贤人；族人离散，亲信背叛，可以说没有内应；无隙可乘而轻举妄动，可以说没有谋略；一辈子逗留在外，可以说没有百姓；流亡在外而国内没有怀念，可以说没有德行。楚灵王暴虐而不猜忌，楚国如果以子干为国君，有这五条难处而杀死原来的国君，谁能帮他成功？享有楚国的，大约是弃疾吧！统治陈、蔡两地，方城山以外归属于他，苛刻和邪恶的事情不发生,盗贼隐伏潜藏,有私欲而不违背于礼,百姓没有怨恨之心。祖先的神灵任命他,国内的百姓相信他。芈姓发生动乱,必然是小儿子继承君位,这是楚国的常例。得到神灵保佑,这是一;有百姓,这是二;美德,这是三;贵显,这是四;合于常例,这是五。有五条利益来排除五条难处,谁能伤害他?子干的官职,不过是右尹;论他的地位,不过是庶子;从神灵命令的来看,那又远离了玉璧。他的显贵丧失了,他的宠信丢掉了,百姓没有怀念他的,国内没有亲附他的,凭什么立为国君?"韩宣子说:"齐桓公、晋文公,不也是这样吗?"回答说:"齐桓公,是卫姬的儿子,受到僖公的宠爱;有鲍叔牙、宾须无、隰朋作为辅佐;有莒国、卫国作为外援;有国氏、高氏作为内应;听从正确意见如同流水,对待善人严肃恭敬,不贪财货,不放纵私欲,施舍不知疲倦,求善从不满足。因此而享有国家,不也是合适的吗?我们的先君文公,是狐季姬的儿子,受到献公的宠爱,喜欢学习而专心一意,生下来十七年,得到五个贤士。有先大夫子余、子犯作为心腹,有魏犨、贾佗作为臂膀,有齐国、宋国、秦国、楚国作为外援,有栾氏、郤氏、狐氏、先氏作为内应,逃亡在外十九年,坚持自己的意志更加专一。惠公、怀公抛弃百姓,百姓跟随而亲附文公。献公没有别的亲人,百姓没有别的指望。上天正在帮助晋国,将会用谁来代替文公?这两位国君,和子干不一样。楚共王有受宠的儿子,国内有在位的君主;对百姓没有施予,在外边没有援助;离开晋国没有人送行,回到楚国没有人迎接,凭什么希冀享有楚国?"

伍员奔吴（昭公十九、二十年）

伍员即伍子胥的故事流传极广，最早即见于《左传》。《左传》的记载比较简略，到了《史记》，伍子胥的形象逐渐丰满；东汉的《吴越春秋》《越绝书》中，则带上了更多的小说色彩；其后通过唐代变文和元代杂剧，乃成为著名的历史题材。

这一段文字中给人以深刻印象的是反面人物费无极。他的两面三刀、翻云覆雨的伎俩，在下面《费无极谮郤宛》中还有更出色的表演。

楚子之在蔡也[1]，郹（jú局）阳封人之女奔之，生大子建。及即位，使伍奢为之师[2]。费无极为少师，无宠焉，欲谮诸王，曰："建可室矣。"王为聘于秦，无极与逆，劝王娶之。正月，楚夫人嬴氏至自秦。

楚子为舟师以伐濮[3]。费无极言于楚子曰："晋之伯也，迩于诸夏，而楚辟陋，故弗能与争。若大城城父而置大子焉[4]，以通北方，王收南方，是得天下也。"王说（同"悦"），从之,故大子建居于城父。

费无极言于楚子曰:"建与伍奢将以方城之外叛,自以为犹宋、郑也[5]。齐、晋又交辅之,将以害楚,其事集矣。"王信之,问伍奢。伍奢对曰:"君一过多矣[6],何信于谗?"王执伍奢,使城父司马奋扬杀大子。未至,而使遣之。三月,大子建奔宋。王召奋扬,奋扬使城父人执己以至。王曰:"言出于余口,入于尔耳,谁告建也?"对曰:"臣告之。君王命臣曰:'事建如事余。'臣不佞,不能苟贰。奉初以还(同'旋'),不忍后命。既而悔之,亦无及已。"王曰:"而敢来,何也?"对曰:"使而失命,召而不来,是再奸也。逃无所入。"王曰:"归,从政如他日。"

无极曰:"奢之子材,若在吴,必忧楚国。盍以免其父召之[7]?彼仁,必来。不然,将为患。"王使召之,曰:"来,吾免而父。"棠君尚谓其弟员(yún 云)曰:"尔适吴,我将归死。吾知不逮,我能死,尔能报。闻免父之命,不可以莫之奔也;亲戚为戮,不可以莫之报也。奔死免父,孝也;度功而行,仁也;择任而往,知也;知死不辟,勇也。父不可弃,名不可废[8],尔其勉之!相从为愈。"伍尚归,奢闻员不来,曰:"楚君、大夫其旰食乎!"楚人皆杀之。

员如吴,言伐楚之利于州于[9]。公子光曰:"是宗为戮,而欲反其仇,不可从也。"员曰:"彼将有他志[10],余姑为之求士,而鄙以待之。"乃见鱄设诸焉[11],而耕于鄙。

注释

〔1〕楚平王弃疾即位前为蔡公。楚国在昭公十一年灭蔡,弃疾为蔡公,至本年仅八年,则太子建距娶妻的年龄尚远。前人对这一点有不同解释,但都无确切证据,只能存疑。

〔2〕伍奢:邲之战中嬖人伍参的孙子,伍员的父亲。

〔3〕濮:南方民族,又称百濮。其聚居地区在今湖北南部、湖南北部。

〔4〕城父:在今河南平顶山市之北,方城之外。

〔5〕意思是太子建将割据而自比为独立国家。宋、郑二国和城父一带接境。

〔6〕一过,指楚平王娶秦女。

〔7〕这自然是一个圈套。《史记·伍子胥列传》记此语作"可以其父质(人质)而召之",以下又有伍奢的回答,认为伍员明知来而被擒,必然不来,意义较为醒豁。

〔8〕兄弟一起逃走,是弃父;一起回去送死,是废名。名,名分,引申为职责、义务。

〔9〕州于:即吴王僚。

〔10〕公子光想要杀吴王僚而自立为王。

〔11〕参看《鱄设诸刺吴王僚》。鱄设诸,也作"专诸"。

译文

楚平王在蔡国的时候,郹阳封人的女儿私奔到他那里,生了太子建。等到即位,派伍奢做太子的师傅。费无极做少师,不为太子建喜欢,所以向平王诬陷太子,说:"建可以娶妻了。"平王为太子建在秦国行聘,费无极参与迎娶,劝平王自己娶这个女子。正月,楚夫人嬴氏从秦国来到。

264

楚平王出动水军攻打濮。费无极对平王说："晋国能领袖诸侯,由于紧靠中原诸国,现在楚国偏僻简陋,所以不能和他争夺。如果扩大城父的城墙,把太子安置在那里,用来和北方互相沟通;君王收取南方,这就能得到天下了。"楚平王很高兴,听从这一意见,所以太子建住在城父。

费无极对楚平王说："建和伍奢准备率领方城山外的人叛变,自以为如同宋国、郑国一样。齐国、晋国又从东西两边帮他的忙,将要危害楚国,这件事快成功了。"平王相信了这些话,质问伍奢。伍奢回答说："君王有一次过错已经多了,为什么还听信诬陷?"平王逮了伍奢,派城父司马奋扬去杀死太子建。奋扬在到达前,就派人通知太子建逃走。三月,太子建逃亡到宋国。平王召回奋扬,奋扬让城父的大夫逮捕自己回来。平王说："话从我嘴里出去,进到你的耳朵里,谁告诉建的?"回答说："下臣告诉他的。君王命令下臣说:'事奉建要像事奉我一样。'下臣不才,不能苟且反复。奉了以前的命令去对待太子,就不忍执行以后的命令。事情过了又后悔,也来不及了。"平王说："你敢回来,为什么?"回答说："奉使没有完成使命,被召又不回来,这是再一次违背命令。逃走也没有地方可去。"平王说："回去吧,还像过去一样做官。"

费无极说："奢的儿子有才能,如果到吴国,一定要使楚国担忧,何不以赦免他们父亲(为条件)召回他们？他们仁爱,一定回来。不这样,将要成为祸患。"平王派人召回他们,说:"回来,我赦免你们的父亲。"棠邑大夫伍尚对他兄弟伍员说:"你吴国去,我准备回去送命。我的才智不如你,我能死,你能报仇。听到赦免父亲的命令,不能不赶回去;亲人被杀,不能不报仇。赶回去送命而使父亲赦免,这是孝;估计效果而行动,这是仁;选择(报仇的)责任而出走,这是智;明知送命而不躲避,这是勇。父亲不能丢掉,名分不能废弃,你还是努力吧！这比起两个人同一行动要明智。"伍尚回去,伍奢听说伍员不来,说:"楚国的国君、大夫恐怕不能准时吃饭了！"楚国人把他们父子都杀了。

伍员去到吴国,向州于说明攻打楚国的利益。公子光说:"这是因为家族被杀,要报私仇,不能听他的。"伍员说:"他存蓄着别的想法,我姑且为他寻求勇士,处在郊外等他。"于是把鱄设诸推荐给公子光,自己在郊外种地。

鱄设诸刺吴王僚(昭公二十七年)

这一段文字的情节线索上接昭公二十二年《伍员奔吴》。

先秦时代的刺客大抵属于"士"这一阶层。他们行刺要以生命为代价,所以又称"死士"。在当时,刺客的行为被视为壮举,比如《战国策》唐雎劫持秦王政时所说的一番话,就提到专诸(鱄设诸)刺王僚,有"彗星袭月",聂政刺韩傀,有"白虹贯日",简直惊动了天地鬼神。

《左传》中这一段描写比较客观,然而文章是精彩的。这森然的气氛使人震动,"抽剑杀王","铍交于胸",在一刹那间同时发生,写尽了勇猛和迅疾。

吴子欲因楚丧而伐之,使公子掩余、公子烛庸帅师围潜[1]。使延州来季子聘于上国,遂聘于晋,以观诸侯。楚薳尹然、王尹麇(jūn军)帅师救潜,左司马沈尹戌帅都君子与王马之属以济师[2],与吴师遇于穷。令尹子常以舟师及沙汭而还,左尹郤宛、工尹寿帅师至于潜,吴师不能退[3]。

吴公子光曰:"此时也,弗可失也[4]。"告鱄设诸曰:"上国有言曰:'不索,何获?'我,王嗣也,吾欲求之。事若克,季子虽至,不吾废也[5]。"鱄设诸曰:"王可弑也。母老子弱,是无若我何[6]?"光曰:"我,尔身也。"

夏四月,光伏甲于窟室而享王。王使甲坐于道,及其门。门、阶、户、席,皆王亲也,夹之以铍(pī 披)。羞者献体改服于门外。执羞者坐行而入,执铍者夹承之及体,以相授也。光伪足疾,入于窟室。鱄设诸置剑于鱼中以进,抽剑刺王,铍交于胸,遂弑王。阖庐以其子为卿。

季子至,曰:"苟先君无废祀,民人无废主,社稷有奉,国家无倾,乃吾君也,吾谁敢怨?哀死事生,以待天命。非我生乱[7],立者从之,先人之道也。"复命哭墓,复位而待。吴公子掩余奔徐,公子烛庸奔钟吾。楚师闻吴乱而还。

注释

〔1〕昭公二十六年,楚平王死。公子掩余、公子烛庸,都是吴王僚的兄弟。潜,在今安徽霍山县境。

〔2〕都君子,各个都邑的上层子弟。王马,为国王养马的官员。楚国要征发这些人作战,可见兵员的缺乏。

〔3〕吴军受到沈尹戌和郤宛两支部队的前后阻拦,进退两难。

〔4〕此时吴王僚的亲信将领率重兵在外,是发动政变的好时机。

〔5〕吴王寿梦生诸樊、余祭、夷昧、季札四个儿子。季札最贤,寿梦想传位给他。诸樊即位,临死时遗命兄终弟及。传至夷昧,死,季札不肯接受王位,于是王僚即位为君。公子光是夷昧的儿子,想夺取王位,造成既成事实,以取得叔父季札的承认。

〔6〕若我何,即"奈我何"。若何,奈何,都是"怎么安排""怎么对

付"的意思。所以公子光回答"我,尔身也",意思是一切都交给我了。

〔7〕这一场动乱由于王位继承权的争夺。季札与继位问题有关,但早已主动让出继承权,所以说"非我生乱"。

译文

吴王僚想要借楚国丧事的机会进攻楚国,派公子掩余、公子烛庸领兵包围潜地。派延州来季子到中原各国聘问,后来到晋国聘问,以观察诸侯(的态度)。楚国的莠尹然、王尹麋领兵救援潜地,左司马沈尹戌率领都君子和王马的部队前去增援,和吴军在穷地相遇。令尹子常带着水军到了沙汭而回来,左尹郤宛、工尹寿领兵到达潜地,吴军无法撤退。

吴国的公子光说:"这是机会,不能丢失。"告诉鱄设诸说:"中原国家有这样的话:'不去寻求,哪有收获?'我是王位的继承人,我就要追求王位。事情如果成功,季子虽然来到,也不能废掉我了。"鱄设诸说:"君王是可以杀掉的。可是我母亲老、儿子小,我没法安排怎么办?"公子光说:"我,就是你。"

夏季四月,公子光在地下室里埋伏甲士,宴请吴王。吴王派甲士坐在路上,一直到大门口。大门、台阶、内室门、坐席,都是吴王的亲信,手持长剑夹侍两旁。端菜的人在门外脱光换穿衣服,端着菜膝行前进,持剑的人把剑尖从两旁触到他身上,这样才把菜递上去。公子光假装有脚病,躲进地下室。鱄设诸把剑放在鱼肚子里进去上菜,抽剑猛刺吴王,两旁的长剑也同时穿透了鱄设诸的胸膛,结果杀死了吴王。

公子光让鲑设诸的儿子做了卿。

　　季子到达,说:"如果先君的祭祀没有废弃,百姓的主宰没有丢失,土地和五谷之神有所奉献,国家和家族不遭倾覆,他就是我的国君,我敢怨恨谁?哀痛死去的,事奉活着的,以等待天命。不是我发动了祸乱,谁继位我就服从谁,这是前辈的常规。"到(吴王)坟前号哭复命,继续执行职务,等待事态发展。吴国的公子掩余逃亡到徐国,公子烛庸逃亡到钟吾。楚军听到吴国发生动乱就撤退回国了。

费无极谮杀郤宛(昭公二十七年)

昭公二十年,费无极诬陷太子建和伍奢,在本年又害死郤宛,从此楚国朝政极度混乱,最终导致了柏举之战,几乎亡国。下有玩弄阴谋的宵小,往往是因为上有昏暴的执政者。楚平王父纳子妻,令尹囊瓦贪财好货,造成了费无极的横行。郤宛死后,楚国人纷纷指责囊瓦,迫使囊瓦在这一年九月杀死了费无极。

郤宛直而和[1],国人说(yuè 悦)之。鄢将师为右领,与费无极比而恶之。令尹子常贿而信谗。无极谮郤宛焉,谓子常曰[2]:"子恶欲饮子酒。"又谓子恶:"令尹欲饮酒于子氏。"子恶曰:"我,贱人也,不足以辱令尹。令尹将必来辱,为惠已甚。吾无以酬之,若何?"无极曰:"令尹好甲兵,子出之,吾择焉。"取五甲五兵,曰:"置诸门。令尹至,必观之,而从以酬之。"及飨日,帷诸门左。无极谓令尹曰:"吾几祸子。子恶将为子不利,甲在门矣,子必无往。且此役也,吴可以得志[3]。子恶取赂焉而还,又误群帅,使退其师,曰'乘乱不祥,'[4]。吴乘我丧,我乘其乱,不亦可乎?"令尹使视郤氏,则有甲焉。不往,召鄢将师而告之。将师退,遂令攻郤氏,且爇(ruò若)之。子恶闻之,遂自杀也。国人弗爇,令曰:"不爇郤氏,与之同罪。"或取一编菅(jiān坚)焉,或取一秉秆焉,国人投之,遂弗爇也。令尹炮之,尽灭郤氏之族党,杀阳令终与其弟完及佗与晋陈及其子弟[5]。晋陈之族呼于国曰:"郤氏、费氏自以为王,专祸楚国,弱寡王室,蒙王与令尹以自利也,令尹尽信之矣,国将如何?"令尹病之。

注释

〔1〕郤宛:又称子恶。

〔2〕子常:即囊瓦,昭公二十三年为令尹,贪财,斗且曾私下比之为"饿豺狼"(《国语·楚语》)。

〔3〕"吴可以得志"是一种少见的倒装句。

〔4〕本书上一篇《鱄设诸刺王僚》中说"楚师闻吴乱而还",和本文互相补充,说明郤宛主张退兵,而且并未受贿。

〔5〕阳令终和晋陈都是楚国大夫,亲附郤氏。

译文

郤宛正直而温和,国内的人们喜欢他。鄢将师做右领,和费无极勾结一气,憎恨郤宛。令尹子常贪财而轻信别人的诬陷。费无极诬陷郤宛,对子常说:"郤宛要请您喝酒。"又对郤宛说:"令尹要到您家里去喝酒。"郤宛说:"我是身份微贱的人,不足以让令尹屈驾前来。令尹一定要屈驾,赐给我的恩惠就太大了。我没有东西答谢,怎么办?"费无极说:

"令尹喜欢皮甲武器,您拿出来,我来挑选。"选取了五领皮甲,五种兵器,说:"放在大门口。令尹来到,一定要观看,就乘机答谢。"等到设宴的那一天,在门前架设帐幕陈列皮甲武器。费无极对令尹说:"我差点儿害了您。郤宛准备对您不利,皮甲都放在门口了。您一定别去!而且这次潜地的战役,本来可以在吴国得志,郤宛受了贿赂回来,又贻误将领们,让他们退兵,说'乘人之乱不吉祥'。吴国乘我们的丧事,我们乘吴国的动乱,不也是可以的吗?"令尹派人到郤家观察动静,看到确实有皮甲。不去,召见鄢将师把情况告诉他。鄢将师退下,就下令进攻郤氏,而且放火烧他的家。郤宛听到消息,就自杀了。国内的人们不肯放火,鄢将师下令说:"不烧郤家,和他同罪。"有人拿来一张席子,有人拿来一把谷草,国内的人们(都夺过来)扔了,因此没有着火。令尹派人烧了郤家,诛杀全部郤氏的族人、亲属,杀了阳令终和他的兄弟完和佗以及晋陈和他的子弟。晋陈的族人在国都中喊叫说:"鄢氏、费氏以君王自居,专权而祸乱楚国,削弱孤立王室,蒙蔽君王和令尹来为自己牟利,令尹全都相信他们了,国家怎么办呢?"令尹对此很担心。

吴、楚柏举之战(定公三、四年)

《左传》中最后一次大战役吴楚柏举之战,远因是楚国伍奢父子的被杀,近因是令尹子常贪财而扣留了蔡国和唐国的国君。这次战役以后,吴国巩固了正在发展的势力,成为南方的新霸主。文中关于向秦国乞师一段,申包胥对国家的忠诚和惊人的毅力都很能感动读者,因而流传广远,成为著名的历史故事之一。

蔡昭侯为两佩与两裘以如楚,献一佩一裘与昭王。昭王服之,以享蔡侯。蔡侯亦服其一。子常欲之[1],弗与,三年止之。唐成公如楚,有两肃爽马[2],子常欲之,弗与,亦三年止之。唐人或相与谋,请代先从者,许之[3]。饮先从者酒,醉之,窃马而献之子常。子常归唐侯。自拘于司败[4],曰:"君以弄马之故,隐君身,弃国家。群臣请相夫(fú 扶)人以偿马,必如之。"唐侯曰:"寡人之过也。二三子无辱。"皆赏之。蔡人闻之,固请,而献佩于子常。子常朝,见蔡侯之徒,命有司曰:"蔡君之久也,官不共也[5]。明日礼不毕,将死。"蔡侯归,及汉,执玉而沉,曰:"余所有济汉而南者,有若大川[6]！"蔡侯如晋，以其子元与其大夫之子为质焉，而请伐楚。

沈人不会于召陵[7]，晋人使蔡伐之。夏，蔡灭沈。秋，楚为沈故，围蔡。伍员（yún云）为吴行人以谋楚[8]。楚之杀郤宛也，伯氏之族出[9]。伯州犁之孙嚭（pǐ匹）为吴大宰以谋楚。楚自昭王即位，无岁不有吴师，蔡侯因之，以其子乾与其大夫之子为质于吴。

冬，蔡侯、吴子、唐侯伐楚。舍舟于淮汭，自豫章与楚夹汉[10]。左司马戌谓子常曰："子沿汉而与之上下，我悉方城外以毁其舟，还塞大隧、直辕、冥阨[11]。子济汉而伐之，我自后击之，必大败之。"既谋而行。武城黑谓子常曰："吴用木也，我用革也[12]，不可久也，不如速战。"史皇谓子常："楚人恶子而好司马。若司马毁吴舟于淮，塞城口而入，是独克吴也。子必速战，不然，不免。"乃济汉而陈，自小别至于大别，三战，子常知不可，欲奔。史皇曰："安求其事，难而逃之，将何所入？子必死之，初罪必尽说（同'脱'）。"

十一月庚午，二师陈于柏举[13]。阖庐之弟夫槩王晨请于阖庐曰："楚瓦不仁，其臣莫有死志。先伐之，其卒必奔，而后大师继之，必克。"弗许。夫槩王曰："所谓'臣义而行不待命者'，其此之谓也。今日我死，楚可入也。"以其属五千先击子常之卒。子常之卒奔，楚师乱，吴师大败之。子常奔郑，史皇以其乘广死[14]。吴从楚师，及清发，将击之。夫槩王曰："困兽犹斗，况人乎？若知不免而致死，必败我。若使先济者知免,后者慕之,蔑有斗心矣。半济而后可击也。"从之,又败之。楚人为食,吴人及之,奔。食而从之,败诸雍澨。五战,及郢。

己卯,楚子取其妹季芈畀(bì 必)我以出,涉雎,针尹固与王同舟,王使执燧象以奔吴师[15]。

庚辰,吴入郢,以班处宫。子山处令尹之宫[16],夫㮣王欲攻之,惧而去之。夫㮣王入之。

左司马戌及息而还,败吴师于雍澨,伤。初,司马臣阖庐,故耻为禽焉。谓其臣曰:"谁能免吾首?"吴句卑曰:"臣贱,可乎?"司马曰:"我实失子。可哉!"三战皆伤,曰:"吾不可用也已。"句卑布裳,刭而裹之,藏其身,而以其首免。

楚子涉雎,济江,入于云中[17]。王寝,盗攻之,以戈击王,王孙由于以背受之,中肩。王奔郧,钟建负季芈以从。由于徐苏而从。

郧公辛之弟怀将弑王,曰:"平王杀吾父,我杀其子,不亦可乎[18]?"辛曰:"君讨臣,谁敢仇之?君命,天也。若死天命,将谁仇?《诗》曰:'柔亦不茹,刚亦不吐。不侮矜寡,不畏强御[19]。'唯仁者能之。违强陵弱,非勇也;乘人之约,非仁也;灭宗废祀,非孝也[20];动无令名,非知也。必犯是,余将杀女。"斗辛与其弟巢以王奔随。吴人从之,谓随人曰:"周之子孙在汉川者,楚实尽之[21]。天诱其衷,致罚于楚,而君又窜之。周室何罪?君若顾报周室,施(yí 移)及寡人,以奖天衷,君之惠也。汉阳之田,君实有之。"楚子在公宫之北,吴人在其南。子期似王[22],逃王,而己为王,曰:"以我与之,王必免。"随人卜与之,不吉,乃辞吴曰:"以随之辟小,而密迩于楚,楚实存之。世有盟誓,至于今未改。若难而弃之,何以事君[23]?执事之患,不唯一人,若鸠楚竟(同'境'),敢不听命?"吴人乃退。铲金初宦于子期氏,实与随人要言。王使见,辞曰:"不敢以约为利。"王割子期之心,以与随人盟[24]。

初,伍员与申包胥友[25]。其亡也,谓申包胥曰:"我必复楚国。"申包胥曰:"勉之!子能复之,我必能兴之。"及昭王在随,申包胥如秦乞师,曰:"吴为封豕长蛇,以荐食上国,虐始于楚。寡君失守社稷,越在草莽,使下臣告急,曰:'夷德无厌,若邻于君,疆埸(yì 易)之患也。逮吴之未定,君取其分焉[26]。若楚之遂亡,君之土也。若以君灵抚之,世以事君。'"秦伯使辞焉,曰:"寡人闻命矣。子姑就馆,将图而告。"对曰:"寡君越在草莽,未获所伏,下臣何敢即安?"立依于庭墙而哭,日夜不绝声,勺饮不入口。七日,秦哀公为之赋《无衣》[27]。九顿首而坐[28]。秦师乃出。

注释

〔1〕子常:即囊瓦,楚国令尹。参看本书《费无极潜杀郤宛》。当时楚昭王年幼,所以囊瓦专权。

〔2〕肃爽:一种白色的骏马,也写作"肃霜"。

〔3〕"许之"的主语应当是唐成公。从上下文义看,唐成公和原先的随从都不同意献马。

〔4〕司败:主管司法的官员。

〔5〕送别客人,主人应当致送礼品。囊瓦不过借口推托。

〔6〕蔡国在今河南境内。这句话的意思是决不再南下到楚国朝见。

〔7〕定公四年春天,晋国和鲁、宋、蔡、陈等国在召陵会见,商量攻打楚国。

〔8〕此时伍员在吴国任行人,管理朝觐聘问一类事务。参看本书《伍员奔吴》《鲔设诸刺王僚》。

〔9〕楚杀郤宛见本书《费无极谮杀郤宛》。伯氏,亲附郤氏的一个家族。

〔10〕豫章,今安徽、湖北、河南交界地区。吴军乘舟溯淮水而上,登陆,由豫章西南行,但实际上距汉水还有相当距离。

〔11〕大隧、直辕、冥阨都是险要的关口,在今河南、湖北交界处,即九里关、武胜关、平靖关。沈尹戍建议水陆两路南北夹击。

〔12〕楚国甲盾等兵器都蒙皮革。当时正值秋雨(周历十一月相当于今天农历九月),皮革易于受潮脱落。

〔13〕柏举:在今湖北麻城市境。

〔14〕乘广,主帅的战车。史皇让子常逃走,自己代他指挥作战而死。

〔15〕阻止吴军追赶,以便逃走。

〔16〕子山:吴王阖庐之子。

〔17〕云中:云梦泽地区。云梦泽是楚国的一片大水区,地跨长江南北。昭王由郢都逃出,渡江,进入江南的云梦地区。

〔18〕鄖公辛即斗辛,令尹斗成然之子。昭公十四年,斗成然由于贪财被平王所杀。为了追念旧功,封斗辛为鄖公。

〔19〕见《大雅·烝民》。

〔20〕杀死国君罪当灭族,灭族以后就不再有人祭祀祖先。

〔21〕吴国和随国都是周朝的子孙,所以用这样的话企图说服随国。

〔22〕子期:昭王之兄。

〔23〕意思是一个国家要遵守盟约,服从道义。如果违背这个原则交出楚王,对吴国也失去信用。君,指吴王。

〔24〕盟誓歃血一般用牛血。割破胸口歃血,表示特别郑重、虔诚。

〔25〕申包胥:楚国贵族,封于申。《战国策》称为棼冒勃苏。

〔26〕意思是和吴国一起分割楚国,得到应得的一份。

〔27〕《无衣》,见《秦风》。其中有"王于兴师,修我戈矛,与子同仇"的话。赋这首诗,表示同意出兵。

〔28〕一般表示感谢,再拜顿首已很隆重,九顿首是破格的隆重礼节。

译文

蔡昭侯制作了两件玉佩和两件皮衣去到楚国,把一件玉佩和一件皮衣献给昭王。昭王服用皮衣玉佩,设宴招待蔡昭侯。蔡昭侯也服用了另一件皮衣和玉佩。子常想要蔡昭侯的皮衣玉佩,蔡昭侯不给,就把他扣留了三年。唐成公去到楚国,有两匹肃爽马,囊瓦想要,唐成公不给,也把他扣留了三年。唐国有人互相商量,请求代替原先的随从服役,唐成公答应了。这几个人让原先的随从喝酒,灌醉他们,偷出马来献给子常。子常让唐成公回国。(参与偷马的人)到司败那里自首,说:"国君由于爱马的缘故,身被拘留,抛弃了国家。臣下们愿意帮助养马人设法归还马匹,一定像从前的一样。"唐成公说:"这是寡人的过错。诸位不要羞辱自己。"对他们都加以赏赐。蔡国人听到了,坚决(向蔡昭侯)请求,把玉佩献给了子常。子常上朝,接见蔡昭侯的随从,命令楚国官员们说:"蔡国国君所以长期留在我国,都是由于你们不供给礼品。明天如果礼品不能齐备,就处死你们。"蔡昭侯回国,到达汉水,拿起玉沉入水里,说:"我要是再渡汉水往南,有大河为证!"蔡昭侯去到晋国,把他的儿子元和大夫的儿子作为人质,请求攻打楚国。

沈国人不参加召陵的会见,晋国人让蔡国人攻打沈国。夏季,蔡国灭亡沈国。秋季,楚国为了沈国的缘故,包围蔡国。伍员任吴国的行人策划对付楚国。楚国杀死郤宛的时候,伯氏的族人逃往国外。伯州犁的孙子伯嚭做了吴国的太宰策划对付楚国。楚国自从昭王即位以后,没有一年不跟吴国打仗,蔡侯因此把他的儿子乾和大夫的儿子送到吴国作为人质。

冬季,蔡昭侯、吴王阖庐、唐成侯攻打楚国,把船扔在淮河边上,从豫章和楚国夹着汉水遥相对峙。左司马戌对子常说:"您沿着汉水和他们上下周旋,我带领全部方城山外的军队毁掉他们的船,回过头来堵住大隧、直辕、冥阨。您渡过汉水进攻他们,我从后边夹击,一定把他们打得大败。"商量好了就出发。武城黑对子常说:"吴国人的军备用木材,我们的军备用皮革,我们不能持久,不如迅速交战。"史皇对子常说:"楚国人讨厌您而喜欢司马。如果司马在淮河边上毁掉了吴国的船,堵住关口进来,这是他一个人战胜了吴国。您一定要迅速交战,不这样,就不能免于祸患。"于是就渡过汉水摆开阵势,从小别山到大别山,打了三仗,子常知道不行,想逃走。史皇说:"平平安安争着当权,有了祸患就逃避,准备逃到哪里去? 您一定要拼命作战,以前的罪过一定可以全部消弭。"

十一月庚午日,两军在柏举摆开阵势。阖庐的兄弟夫槩王早晨向阖庐请求说:"楚国囊瓦不仁,他的臣下没有拼死的决心。我们抢先进攻,他们的士兵一定奔逃,然后大部队跟着上去,一定得胜。"阖庐不答应。夫槩王说:"所谓'臣下合于道义而行动不等待命令',说的就是这个吧。今天我战死,楚国是可以攻进去的。"带领部下五千人抢先攻击子常的部队。子常的部队溃逃,楚军混乱,吴军大败楚军。子常逃亡到郑国,史皇在子常的战车上战死。吴军追击楚军,到达清发,准备发动攻击。夫槩王说:"被困的野兽还要决斗,何况人呢? 如果明知不免于死而拼命,一定会打败我们。如果让先渡河的感到可以逃脱,后边的人羡慕他们,就没有斗志了。渡过一半以后就可以攻击了。"听了他的话,又一次打败楚军。楚国人正在做饭,吴国人赶到,楚国人逃跑。吴军吃了楚军的饭又赶上去,在雍澨打败楚军。经过五次战斗,到达郢都。

己卯日,楚昭王带了他妹妹季芈畀我逃出郢都,徒步渡过睢水,针尹固和楚昭王同船,昭王派他拉着尾巴上点火的大象冲入吴军。

庚辰日,吴军进入郢都,按照上下次序分别住在(楚昭王和官员的)宫室里。子山住在令尹的宫室里,夫槩王要攻打他,子山害怕而离开,夫槩王就住了进去。

左司马戌到达息地就退兵,在雍澨打败吴军,负了伤。原先,左司马戌曾经做过阖庐的臣下,所以耻于为吴军所俘虏。他对部下说:"谁能够不让吴国人得到我的脑袋?"吴句卑说:"下臣卑贱,行吗?"司马说:"我确实没有发现您。行啊!"三次战斗都负了伤,说:"我已经不中用了。"句卑展开裙子,割下司马的脑袋裹起来,藏好尸体,带着脑袋逃走。

楚昭王徒步渡过睢水,渡过长江,进入云中。昭王睡觉,有强盗袭击,用戈敲击昭王,王孙由于用背抵挡,被击中肩膀。昭王逃到郧地。钟建背着季羋跟随。王孙由于慢慢醒过来以后也跟上昭王。

郧公辛的兄弟怀准备杀死昭王,说:"平王杀我父亲,我杀他儿子,不也可以吗?"斗辛说:"国君讨伐臣下,谁敢仇恨他?国君的命令,是上天的意志。如果死于上天的命令,准备仇恨谁?《诗》说:'软的也不吞下,硬的也不吐掉。不欺鳏寡,不怕强暴。'这只有仁爱的人才能做到。逃避强大,欺凌弱小,这不是勇;乘人之危,这不是仁;灭亡宗族,废弃祭祀,这不是孝;举动没有正当的名义,这不是智。你一定要触犯这几条,我就杀了你。"斗辛和他的兄弟巢带了昭王逃亡到随国。吴国人追赶他们,对随国人说:"周朝的子孙封在汉水一带的,楚国统统把它们灭亡了。上天垂示天意,把惩罚降临于楚国,君主又把楚王隐藏起来。周室有什么罪?君主如果想着报答周室,扩大到寡人身上,以实现天意,这是君主的恩惠。汉水北边的田地,君主就可以享有。"楚昭王在随公宫中北部,吴国人在南部。子期长得像昭王,让昭王逃走,自己伪装昭王,说:"把我交给他们,君王一定可以免祸。"随国人为交出子期占卜吉凶,不吉利,就拒绝吴国说:"以随国的偏僻窄小,可是紧挨着楚国,楚国确实保存了我们。世世代代都有盟誓,到今天没有改变。如果有了危难而抛弃他们,用什么来事奉君王?执事所担心的,不仅仅是这一个人,如果安定了楚国境内,岂敢不服从命令?"吴国人于是就撤退。铲金起初在子期氏那里做家臣,曾经和随国人有过约定(以子期伪装昭王)。昭王让他进见,他辞谢说:"不敢把君王的危难作为自己的私利。"楚昭王割破子期的胸口取血和随国人盟誓。

起初,伍员和申包胥友好。伍员逃亡的时候,对申包胥说:"我一定要颠覆楚国。"申包胥说:"尽力干吧!您能颠覆它,我一定能复兴它。"等到昭王在随国的时候,申包胥到秦国请求出兵,说:"吴国是大野猪、长蛇,屡次吞食上国,为害从楚国开始。寡君失守国家,远在杂草丛林之中,派下臣报告危急,说:'夷人的本性不会满足,如果作为君主的邻国,这是边境的忧患。乘吴国在楚国还没有稳定,君王可以获得其中的一份。如果楚国从此灭亡,这就是君王的土地了。如果托君王的福安抚楚国,楚国世世代代事奉君王。'"秦哀公派人推辞,说:"寡人听到命令了。您姑且到宾馆安歇,我们要商量一下再告诉您。"回答说:"寡君远在杂草丛林之中,没有得到安身之所,下臣哪里敢到安逸的地方去?"靠着院墙站着号哭,日夜哭声不断,一勺水都不进口。到第七天,秦哀公为他赋《无衣》这首诗。申包胥叩头九次然后坐下。秦军于是就出动。